GESUND *Kochen für* KINDER

Einfach, schnell & günstig:
Das Ruck-zuck Kochbuch
mit über 150 leckeren Rezepten
für eine gesunde Ernährung
zu jeder Tageszeit.
Für Zuhause, Kindergarten und Schule
(inkl. 30 Meal Prep Rezepte)

Susanne Dorner

WIDMUNG

Für Daniel und Julian, die meinem Leben die richtige Würze mit unendlich viel LIEBE verpasst haben!

Für meinen Mann, ohne den ich nie begonnen hätte mit FREUDE zu kochen - Liebe geht wahrlich durch den Magen - für viele glückliche Jahre!

Für alle, die bereit sind die geheime Zutat Liebe immer in großen Mengen beizufügen – KOCHEN ist Liebe!

KONTAKT UND FEEDBACK

Dieses Buch wurde mit Liebe, Praxis und Expertenwissen ausgearbeitet.

Wenn Sie Anmerkungen, Feedback, Ideen oder Verbesserungsvorschläge zu diesem Buch haben, freuen wir uns über eine Nachricht an susanne@positiverleben.eu und auch über eine Rezension bei Amazon oder besuchen Sie unsere Homepage www.positiverleben.eu - Dankeschön!

VORWORT VON PROF. HADEMAR BANKHOFER

EINLEITUNG

SYMBOLE AUS DEN REZEPTEN

GRUNDBEGRIFFE DER KÜCHE

TIPPS FÜR ZUTATEN

NÜTZLICHE HILFSMITTEL

TIPPS FÜR DIE ZUBEREITUNG

BASIS-REZEPTE

ABENDESSEN

MEAL PREP - LUNCH BOX

VORWORT VON PROF. HADEMAR BANKHOFER

APPLAUS FÜR SUSANNES ERNÄHRUNGS-TRICKS

Sie ist seit ihrem ersten Buch die Ernährungsmutter der Nation. Kein Wunder, dass dieses zweite Buch folgen musste. Es fügt sich nahtlos an das erste und ist ein MUST HAVE für alle, die Kinder im Haus haben. Im Grunde genommen ist es ein Kochbuch randvoll mit Super-Tricks für die ganze Familie.

Für eine optimale körperliche und geistige Entwicklung benötigt das Kind Nahrung, Wasser und Luft. Die Umwandlung in körpereigenes Material sowie in Energie erfolgt in zahlreichen kleinen Stoffwechsel- Schritten. Bei jedem einzelnen dieser Schritte werden Mikronährstoffe benötigt: Vitamine, Mineralstoffe, Spurenelemente und vieles andere. Sie alle kommen über die tägliche Nahrung in den Organismus des Kindes. Deshalb muss das Essen natürlich, biologisch und nachhaltig sein. Wobei das Kind hin und wieder auch mit kleinen Ess-Sünden konfrontiert werden soll.

Stellen Sie sich vor: Wenn das Kind ausschließlich ungesund isst und dabei nur 20 Prozent seiner Körperreserven verliert, dann reduziert sich die Effektivität der einzelnen Stoffwechselschritte um 50 Prozent. Die Folge: unspezifische Beschwerden wie Müdigkeit, Schlafstörungen, Hautprobleme, Konzentrationsschwierigkeiten und andere Unpässlichkeiten. Darum ist das Kochen für und mit Kindern so wichtig.

Was den Erwachsenen Sorgen bereitet: Die meisten Kinder essen zu wenig oder gar kein Gemüse, sehr selten Obst. Dabei sollten auch Kinder täglich fünf Portionen Obst und Gemüse konsumieren, pro Portion jeweils was in die Kinderhand hinein geht. Beim Gemüse gibt es bei den Kindern Total-Verweigerer. Oft ist es die Farbe des Gemüses. Die einen lehnen grünes Gemüse ab, anderen wieder rotes. Da essen sie eher noch weißes Gemüse: Karfiol, Fenchel oder den weißen Teil vom Lauch. Es hilft oft, wenn man aus Karotten oder Kartoffeln Figuren schnitzt. Es ist auch nicht gut, wenn die Erwachsenen Gemüse und Obst übertrieben betonen. Das finden viele Kinder peinlich.

Eine Mahnung an die Eltern: Werden Sie nicht ungeduldig. Eines Tages werden Mädchen und Buben vielleicht mehr Obst und Gemüse dem Fleisch vorziehen. Beginnen Sie jedes Essen mit kleinen Portionen. Das verhindert Stress-Situationen bei Tisch. Wenn Sie mit großen und kleinen Tricks Erfolg haben, dann machen Sie weiter damit. Susanne macht es mitunter auch so.

Und sie tut noch etwas: Sie speist mit den Kindern und sie kocht mit den Kindern. Wenn Kinder in der Küche Aufgaben erfüllen, stehen sie der Mahlzeit und den Rezepten dafür positiv gegenüber. Nach dem Motto „Wenn ich da mitgemacht habe, muss es super sein."

Viel Erfolg dem neuen Buch wünscht herzlichst

Hademar Bankhofer

EINLEITUNG

Wenn Sie stets regelmäßig zu Hause für Ihr Kind kochen, dann kennen Sie garantiert das Drama, das sich abzeichnen kann. Bei kleinen Kindern heißt es oft einfach: „Nein, das schmeckt mir nicht“, während größere Kinder am liebsten jeden Tag ihr Lieblingsgericht essen möchten. Ebenfalls eine beliebte Antwort, was Sie denn kochen sollten ist: „Irgendetwas Gutes“ oder „Mir egal“.

Fragen Sie Kinder, so würde es abwechselnd Schnitzel, Spaghetti Bolognese und Fischstäbchen geben. Dagegen ist hin und wieder gar nichts einzuwenden. Doch wenn jeden Tag nur Schnitzel, Pasta und Gebackenes am Tisch landet, so ist die Ernährung doch sehr einseitig.

Es fehlen Vitamine, Mineralstoffe, Spurenelemente und viele andere wichtige Nährstoffe, die gerade Kinder während des Wachstums benötigen.

Da ich zu Hause dieselben Probleme hatte und meine Kinder einfach gesund ernähren und ihnen dennoch Gerichte zaubern wollte, die ihnen sehr gut schmecken, so begann ich zu experimentieren.

Ich erstellte Tages- und Wochenpläne, führte Listen mit dem Feedback der Kinder und auch Freunde der Kinder wurden immer wieder zum Essen eingeladen und hinterher nach ihrer Meinung gefragt. So entstand dieses Kochbuch.

Da ich weiß, wie viel Arbeit es ist, möchte ich es Ihnen nun einfacher machen und hoffe, dass Sie mit diesem Buch einen großartigen Begleiter in der Küche haben.

Auch ich war immer eine berufstätige Mutter und griff an vielen Tagen zu fertigen Gerichten, weil diese nach einem langen Arbeitstag schnell zuzubereiten sind. Natürlich hatte ich dann immer ein schlechtes Gewissen und sagte mir, dass ich das ändern wolle.

Meine Rezepte sind einfach und schnell zu kochen, dass es nach einem langen Arbeitstag kaum Mühe macht. Viele dieser Speisen lassen sich in größeren Mengen zubereiten und einfrieren. So haben Sie für die nächsten Wochen immer etwas Köstliches und Gesundes zur Hand.

SYMBOLE AUS DEN REZEPTEN

	**SCHWIERIGKEITSGRAD** Sie können alle Rezepte meistern. Ein paar Rezepte sind aufwendiger als andere und nehmen vielleicht anfangs mehr Zeit in Anspruch.
	**ARBEITSZEIT** Das ist die Zeit, die Sie bei der Zubereitung aktiv mitwirken.
	**GESAMTZEIT** Das ist die insgesamt erforderliche Zeit, die auch Kühlzeiten und Backzeiten umfasst.
	**PORTIONEN** Wie viele Portionen oder Stücke das Rezept ergibt. Hinweis: Der Großteil der Rezepte ist auf 2 Portionen ausgelegt, damit sie bei Bedarf die Mengen einfach multiplizieren können.

GRUNDBEGRIFFE DER KÜCHE

MASSEINHEITEN

- 1 TL = 1 Teelöffel = ca. 5 ml oder 5 Gramm
- 1 EL = 1 Esslöffel = 3 Teelöffel = ca. 15 ml oder 15 Gramm
- 1 Prise = was Sie in zwei Fingerspitzen halten können

DEUTSCH-ÖSTERREICHISCHE BEGRIFFE

Immer wieder kommt es vor, dass unsere Leserinnen und Leser sich beim Lesen der Zutaten nicht ganz sicher sind, was gemeint ist.

Finden Sie hier eine Auflistung der wichtigsten Ausdrücke in diesem Kochbuch:

DEUTSCH	ÖSTERREICHISCH	SCHWEIZERISCH
Aprikosen	Marillen	Aprikosen
Arme Ritter	Pofesen	Fotzelschnitten
Blumenkohl	Karfiol	Blumenkohl
Brötchen	Semmel	Semmeli
Brühe	Klare Suppe	Bouillon
Eigelb	Eidotter	Eigelb
Eiweiß	Eiklar	Eiweiß
Fleischkäse	Leberkäse	Fleischkäse
Frikadellen	Faschierte Laibchen	Hackplätzchen
Hackfleisch	Faschiertes	Hackfleisch
Lunchbox	Jausenbox	Lunchbox
Kartoffel	Erdäpfel	Kartoffel
Kloß, Klößchen	Knödel, Nockerl	Knödel, Chügeli
Kohl	Kraut	Kabis
Maisgrieß	Polenta	Maisbrei
Möhre	Karotte	Rüebli
Paniermehl	Semmelbrösel	Paniermehl
Pfannkuchen	Palatschinken	Amelette
Pfannkuchen-Streifen	Frittaten	Flädli
Pflaumenmus	Powidl	Pflaumenmus
Pflaume	Zwetschge	Pflaume
Porree	Lauch	Porree
Puderzucker	Staubzucker	Puderzucker
Quark	Topfen	Quark
Rote Bete	Rote Rübe	Rahne
Saure Sahne	Sauerrahm	Sauerrahm
Sahne	Schlagobers	Schlagrahm
Schmand	Créme fraîche	Créme fraîche
Tomate	Paradeiser	Tomate
Wiener Würstchen	Frankfurter	Wienerli

TIPPS FÜR ZUTATEN

Verwenden Sie bitte immer frische und hochwertige Zutaten / Lebensmittel.

MEHL

Für das Mehl in den Rezepten können Sie reines Weizenmehl mit dem Mahlgrad "universal" verwenden.

Sie können ebenfalls zwischen Weizen-, Dinkel- und Roggenmehl variieren.

Natürlich können Sie auch glutenfreies Mehl verwenden bei Bedarf.

GRIFFIGES MEHL

Griffiges Mehl ist ein wenig gröber vermahlen und nimmt daher Flüssigkeit gut auf und ermöglicht elastische, feste, aber auch flaumige Teige wie Nudelteig, Mürbteig, Kartoffelteig, etc.

Insofern ist es am besten geeignet für Teige, die quellen müssen und zum Bemehlen von Oberflächen

GLATTES MEHL

Glattes Mehl ist ein weiches, staubiges Mehl mit starker Bindekraft. Daher ist es für feinporige Teile wie Strudelteig, Blätterteig, Pfannkuchen, etc. geeignet.

UNIVERSAL-MEHL

Universal-Mehl ist eine Mischung aus glattem und griffigem Mehl im Verhältnis 1:1 und daher universell einsetzbar.

MAISMEHL (SPEISESTÄRKE)

Der Begriff Speisestärke wird häufig genutzt und ist dasselbe wie Kartoffelmehl. Speisestärke wird aus Mais gewonnen und Kartoffelstärke aus Kartoffeln.

Maisstärke ist im Gegensatz zur Kartoffelstärke meist gluten- und laktosefrei.

Die meisten kennen Maisstärke als Mondamin oder Maizena, das es in jedem Supermarkt zu kaufen gibt.

PANIERMEHL

Paniermehl, auch Panierbrot, Semmelbrösel, Semmelmehl, geriebene Brötchen oder Weckmehl genannt, wird aus trockenem Weißbrot oder trockenen Brötchen durch Mahlen hergestellt und dient zum Panieren.

GRIESS

WEICHWEIZENGRIESS

Weichweizengrieß eignet sich besonders gut zur Herstellung von Grießbrei, Desserts oder Kuchen.

HARTWEIZENGRIESS

Hartweizengrieß ist die Grundlage für viele Teigwaren.

Beim Kochen wird der Grieß locker, bleibt trotzdem schnittfest und eignet sich deswegen für Klöße, Aufläufe und Suppeneinlagen.

VOLLKORNGRIESS

Vollkorngrieß wird aus ungeschältem Weizen hergestellt.

Alle Bestandteile des vollen Korns bleiben erhalten. Vollkorngrieß ist daher reich an Vitaminen, Mineral- und Ballaststoffen.

Der Geschmack ist kräftig und kernig. Diese Sorte eignet sich für herzhafte und deftige Speisen.

MAISGRIESS

Maisgrieß ist ein Getreideerzeugnis und oft unter der Bezeichnung „Polenta“ bekannt. Früher galt Maisgrieß als Arme-Leute-Essen, da er sowohl günstig war als auch gut sättigte und viel Energie lieferte.

Maisgrieß eignet sich nicht nur für Desserts und süße Gerichte, sondern auch für Suppen, Aufläufe, Saucen und Breis.

ÖLE

GESUNDES ÖL FÜR SALATE

Verwenden Sie bitte ausschließlich hochwertiges, kaltgepresstes Öl für Salate (zum Beispiel Olivenöl).

GESUNDES ÖL ZUM BRATEN UND FRITTIEREN

Zum Braten und Frittieren eignen sich Öle mit hohem Rauchpunkt (zum Beispiel Bio-Kokosöl).

WICHTIGER HINWEIS FÜR DIESES KOCHBUCH

Ja! Gesundes Braten und Frittieren ist möglich: mit Kokosöl oder in der Heißluftfritteuse.

Dieses Kochbuch enthält viele bunte Rezepte, die Kinder gerne essen. Hierbei sind auch Rezepte dabei, wo das eine oder andere Mal etwas gebraten oder frittiert wird. Wenn das richtige Öl verwendet wird, ist dies sogar gesund bzw. nur dann ist es ein gesundes Rezept.

Ich verwende schon seit vielen Jahren ausschließlich Kokosöl zum Kochen und das ist mir ein sehr wichtiges Anliegen, dass sie auch darauf achten.

Aufgrund seines 90%igen Anteils an gesättigten Fettsäuren ist das Kokosöl als einziges Pflanzenöl sehr hitzebeständig und kann allgemein als gesundes Fett bezeichnet werden.

Kokosöl bitte nicht verwechseln mit den Kokosfettwürfeln, die meist industriell raffiniert sind.

Gerne können Sie alle enthaltenen Rezepte mit Kokosöl kochen. Nur für Salate empfehle ich ein gutes Olivenöl.

ZUCKER

Wo können Sie anfangen, wenn Sie eine gesündere Ernährung für Ihre Kinder möchten? Mein Tipp: bei der Reduzierung des Zuckers oder besser noch Sie tauschen zuckerhaltige Lebensmittel gegen eine gesündere Variante aus.

Hier eine Auflistung, wo Sie gegen gesündere Varianten tauschen können:

- statt Milchschokolade: Zartbitterschokolade
- statt Süßigkeiten: Obst oder Nüsse
- statt Limonade oder Softdrinks: Wasser oder andere zuckerfreie Getränke
- statt Fruchtsaft: Tomatensaft
- statt gekauftem Ketchup: selbstgemachtes Ketchup
- statt gekauftem Früchtejoghurt: Naturjoghurt mit frischen Früchten mischen
- statt Frühstücksflocken: Nüsse, Samen, Kokosflocken oder Mandelbrei
- statt gekauften Milchshakes: frische selbstgemachte Smoothies

In unserer heutigen Welt ist Zucker schon lange kein Luxusartikel mehr, sondern überall präsent. Ob Zucker für die Kinder schädlich ist, macht die Dosis aus.

Beim Kochen und Backen gibt es zuckerreduzierte oder zuckerfreie Alternativen.

Haben Sie keine Angst für Ihr Kind Gerichte mit Butter, Sahne und gutem Öl zu kochen. Diese Lebensmittel sättigen sehr gut und nachhaltig. So wird das Verlangen nach Süßem gemindert.

NÜTZLICHE HILFSMITTEL

KOCHUTENSILIEN

Neben den Standard-Küchengeräten sind die folgenden Küchenutensilien nützlich für die Zubereitung der Rezepte:

- Scharfe Messer (Achtung auf eine kindersichere Aufbewahrung)
- Schneidbretter
- Gemüseschäler
- Schüsseln in verschiedenen Größen
- Auflaufformen in verschiedenen Größen
- Muffinformen
- Kuchenform
- Bratringe
- Spritzbeutel
- Backpinsel
- Backpapier
- Ofenhandschuhe
- Zahnstocher
- Schraubgläser
- Kochtöpfe in verschiedenen Größen
- Bratpfanne
- Waffeleisen
- Multi- oder Vierkantreibe
- Dampfgarer (optional)
- Heißluftfritteuse (optional)
- Salatschleuder (optional)

BACKOFEN

HINWEIS BACKZEITEN

Die angegebenen Backzeiten können je nach Ofentyp und gewünschtem Bräunungsgrad variieren.

Bitte prüfen Sie deshalb den Backverlauf stets zwischendurch bzw. nach Beendigung der angegebenen Backzeit,
ob das gewünschte Ergebnis erreicht ist.

Die Temperaturangaben in diesem Kochbuch beziehen sich auf Elektrobacköfen, nicht auf Gasbacköfen.
Bitte beachten Sie die bei der Einstellung des Backofens die Gebrauchsanleitung des Herstellers.

OBER- UND UNTERHITZE

Für die meisten Gerichte ist die Verwendung von Ober- und Unterhitze zu empfehlen,
da die Speisen nicht so viel Flüssigkeit verlieren und daher saftiger bleiben.

Das zugehörige Symbol am Backofen ist an den zwei Balken (oben und unten) zu erkennen.

Der Backofen sollte hier immer vorgeheizt werden.

UMLUFT

Mit der Umluft-Funktion können Sie bei gleicher Gardauer
um etwa 20 Grad Celsius niedrigere Temperaturen
auswählen als bei Ober- und Unterhitze.

Das Vorheizen entfällt (außer bei Brot und Gebäck) und
Sie können das Gericht sofort in den Backofen schieben. Das spart Zeit und Energie.

Außerdem können bis zu vier Ebenen genutzt werden, da die Temperatur überall gleich ist.

TIPPS FÜR DIE ZUBEREITUNG

DIE GEHEIME ZUTAT

Denken Sie daran: Die geheime Zutat ist immer Liebe – die wichtigste Zutat!

BRATEN

Braten oder Kurzbraten in der Pfanne ist eine sehr beliebte Garmethode für Fleisch, Fisch und Gemüse.

Die Zutaten werden dabei zuerst in heißem Fett angebraten, sodass sich Röststoffe bilden und danach bei reduzierter Temperatur fertig gebraten.

Verwenden Sie zum Anbraten ein hoch erhitzbares Fett, wie zum Beispiel das empfohlene Kokosöl.

DÄMPFEN

Dämpfen ist ein sanftes Garen im Wasserbad. Sie können entweder einen Topf mit passendem Dampfeinsatz und Deckel oder einen Dampfgarer verwenden.

Diese Methode ist vitaminschonend sowie fettsparend und für Gesundheitsbewusste bestens geeignet.

FRITTIEREN

Frittieren ist Garen in heißem Fett bei gleichbleibender Temperatur.

Hierfür können sowohl eine Pfanne als auch ein Topf oder eine Fritteuse verwendet werden.

Geben Sie die Zutaten immer portionsweise ins heiße Fett, damit diese genügend Platz haben und das Fett nicht zu schnell abkühlt.

Wählen Sie ein hoch erhitzbares Fett, wie zum Beispiel das empfohlene Kokosöl.

GESUNDES FRITTIEREN

Als attraktive Alternative zu den oben genannten Methoden ist noch die Heißluft-Fritteuse nennenswert: das Essen kann fettreduziert und gesund frittiert werden, es entstehen auch keine unangenehmen Gerüche.

Ein Nachteil der Heißluft-Fritteuse ist, dass die Anschaffungskosten höher sind. Der Kostenfaktor wird jedoch relativiert, wenn Sie bedenken, dass die Anschaffung für spezielles Frittier-Fett (zum Beispiel Kokosöl) entfällt.

Das Essen schmeckt auf jeden Fall genauso gut und eine willkommene Alternative, wenn Sie sich und Ihre Kinder mit gesundem und dennoch geschmackvollem Essen versorgen möchten.

KRÄUTER UND GEWÜRZE

AUFBEWAHRUNG

Kräuter sind sehr vielfältig verwendbar: frisch, getrocknet, gefroren oder in Öl eingelegt.

Kräuter und Gewürze sind voller Aromen, die sich schnell verflüchtigen. Daher die frischen Kräuter rasch verarbeiten oder einfrieren fürs nächste Mal.

Kinder lieben es zu gärtnern: ob von der Fensterbank oder aus dem Garten, es macht Freude frisch und mit eigenen Händen zu ernten.

MENGE

Frische Kräuter: Grundsätzlich können Sie mit ½ bis 1 TL frischer Kräuter pro Portion rechnen (je nachdem, wie intensiv die Kräuter sind).

Getrocknete Kräuter: hier nehmen Sie nur die Hälfte oder auch „Prise“ genannt, also was Sie in zwei Fingerspitzen halten können.

BASIS-REZEPTE

Dieses Kapitel enthält Rezepte, die Sie in anderen Kapiteln des Kochbuchs oder als Element von anderen Rezepten verwendet werden können.

NATÜRLICHER REINIGUNGSSPRAY:

Obst und Gemüse von Wachs und Pestiziden befreien

Bevor wir mit den Kochrezepten loslegen, ist mir dieses Basis-Rezept sehr wichtig: die natürliche und effektive Reinigung von Obst und Gemüse!

Wenn Obst und Gemüse mit Pestiziden, Spritzmitteln oder ähnlichem behandelt wurden, möchten Sie diese Stoffe nicht unbedingt mitessen. Auch Bio-Obst und Gemüse wird häufig gespritzt oder mit einer glänzenden Wachsschicht überzogen. Mit diesem Reinigungsspray lässt sich alles wunderbar entfernen:

einfach | 10 Minuten | 10 Minuten | 1 Flasche

ZUTATEN:

1 Zitrone I 2 TL Natron I 75 ml Essig (günstiger Haushaltsessig) I 300 ml kaltes Wasser I 1 Glasflasche mit Sprühkopf (ca. 300 ml)

ZUBEREITUNG:

1. Pressen Sie 1 Zitrone und gießen Sie diese durch ein feines Sieb in eine große Schüssel. Das Sieb ist wichtig, damit später in der Sprühflasche keine Zitronenstücke den Spray verstopfen.
2. Geben Sie Natron, Essig und Wasser in die Schüssel dazu und verrührent Sie alles gut.
3. Sobald sich der entstandene Schaum aufgelöst hat, den Inhalt in eine Glasflasche mit Sprühkopf umfüllen.
4. Obst und Gemüse einfach vor dem Verzehr einsprühen, leicht verreiben und mit kaltem Wasser gut abspülen.

TIPPS UND TRICKS:

Wenn Sie diesen natürlichen Obst- und Gemüse-Reiniger bei dem Abwasch stehen haben, wird es schnell zur Gewohnheit, diesen vor jedem Verzehr automatisch zu verwenden. Es ist kein großer Aufwand, hat jedoch eine umso größere Wirkung!

Mit dem Inhalt einer Sprühflasche kommt ein durchschnittlicher Haushalt ca. 1,5 Monate aus.

Das natürliche Reinigungsspray muss nicht im Kühlschrank aufbewahrt werden.

Natron ist am bekanntesten unter dem Markennamen Kaiser-Natron. In kleinen Tüten abgepackt, ist es in jedem Supermarkt in der Backabteilung, aber auch in Drogerien oder im Online-Handel erhältlich.

GEWÜRZPASTE MIT GEMÜSE

(auch für Gemüsebrühe)

einfach | 20 Minuten | 45 Minuten | 1 Schraubglas (ca. 300 ml)

ZUTATEN:

200 Gramm Möhren I 200 Gramm Staudensellerie I 100 Gramm Zwiebeln I 100 Gramm Tomaten I 150 Gramm Zucchini I 1 Zehe Knoblauch I 50 Gramm Champignons I 1 Lorbeerblatt getrocknet I 6 Zweiglein frische abgezupfte Kräuter (zum Beispiel Rosmarin, Basilikum und Salbei) I 4 Stängel Petersilie abgezupft I 120 Gramm grobes Salz I 30 ml Wasser I 1 EL Olivenöl I 50 Gramm Parmesan gerieben (optional)

ZUBEREITUNG:

1. Das Gemüse waschen, bei Bedarf schälen und klein würfeln. (Entweder grob zerkleinern und dann mit einer Küchenmaschine zerkleinern oder mit der Hand in kleine Würfel schneiden.)
2. Die Kräuter waschen, trocken tupfen und grob hacken.
3. Zerkleinerte Gemüse und Kräuter, Salz, Wasser und Olivenöl in einen Topf geben, langsam erwärmen und für 25 Minuten bei mittlerer Hitze einkochen. Die Mischung dickt dabei ein und kann auch ziemlich trocken werden. Regelmäßig umrühren, damit sich am Boden nichts anlegt.
4. Alles mit einem Stabmixer fein pürieren.
5. Optional: Parmesan zugeben und verrühren oder noch einmal kurz pürieren.
6. Auskühlen lassen.
7. Die ausgekühlte Gewürzpaste in ein ausgekochtes Glas mit Deckel geben und verschließen.

TIPPS UND TRICKS

Für die Herstellung von 500 ml Gemüsebrühe verwenden Sie1 TL Gewürzpaste und 500 ml Wasser.

Die Gewürzpaste kann mit jedem Gemüse kombiniert werden. So können Sie alles aufbrauchen, was Sie vielleicht noch im Kühlschrank haben, bevor es verdirbt!

Füllen Sie die Gewürzpaste in ein Glas (oder mehrere Gläser), das gut in Ihren Kühlschrank (zum Beispiel in die Kühlschranktüre) passt vom Platz her.

Für ein Gericht verwenden Sie ca. 1/2 bis 1 TL zum Würzen.

Die Gewürzpaste hält sich im Kühlschrank bis zu vier Wochen oder im Gefrierfach bis zu drei Monate (Achtung: hier kein Glas, sondern einen geeigneten Behälter zum Einfrieren verwenden).

Die Paste immer mit einem sauberen Löffel entnehmen, um eine Verunreinigung zu vermeiden und die Haltbarkeit zu gewährleisten.

Sie können damit alles würzen, wofür Sie früher Gewürzwürfel oder Gewürzsaucen aus dem Handel verwendet haben.

Der Vorteil hier ist, dass es wirklich Natur pur ist und diese Würzpaste keinerlei künstliche Zusätze enthält und: bestimmt mit Liebe gemacht!

KRÄUTERSALZ

einfach | 5 Minuten | 5 Minuten | 1 Schraubglas (ca. 300 ml)

ZUTATEN:

150 Gramm grobes Salz I 3 TL Petersilie getrocknet I 2 TL Basilikumblätter getrocknet I 2 TL Oregano getrocknet I 2 TL Thymian getrocknet I 1 TL Rosmarin I 1 Zehe Knoblauch

ZUBEREITUNG:

1. Salz und Kräuter in den Mixer geben und zerkleinern.
2. In das Schraubglas füllen.

TIPPS UND TRICKS:

Das Kräutersalz hält sich trocken und dunkel gelagert einige Monate. Sie können auch immer wieder mit anderen Kräutern experimentieren.

Die fertige Kräutermischung können Sie nach Belieben in verschiedene Größen von Gläser füllen. Auch als Geschenk ist diese wohlduftende Mischung bestens eignet!

Wenn Sie frische Kräuter im Garten oder auf der Fensterbank haben, können Sie diese natürlich auch verwenden. Hierfür müssen die Kräuter zuerst gewaschen, abgezupft und im Backofen getrocknet werden (am besten bei 60 Grad Umluft trocknen für ca. 60 Minuten, bis die Blätter ganz trocken sind – sodass sie rascheln). Danach wie im Rezept beschrieben weiterverarbeiten.

SELBST GEMACHTES KETCHUP

ohne weißen Zucker

einfach | 10 Minuten | 30 Minuten | 1 Schraubglas (ca. 450 ml)

ZUTATEN:

1 Zwiebel I 1 EL Kokosöl I 1 EL Tomatenmark I 2 EL Honig I 2 EL Apfelessig I 400 Gramm stückige Tomaten

ZUBEREITUNG:

1. Die Zwiebel schälen und sehr fein würfeln.
2. Das Kokosöl in einem Topf erhitzen. Die Zwiebel darin hellbraun andünsten lassen.
3. Das Tomatenmark und den Honig dazu geben und kurz mit braten.
4. Mit dem Apfelessig ablöschen und mit den Tomaten aufgießen.
5. Bei geringer Hitze für 20 Minuten einkochen lassen.
6. In ein steriles und ausgekochtes Schraubglas füllen, verschließen und auskühlen lassen.

TIPPS UND TRICKS:

Im Kühlschrank ist das Ketchup etwa 4 Wochen haltbar.

Das Ketchup immer mit einem sauberen Löffel entnehmen, um eine Verunreinigung zu vermeiden und die Haltbarkeit zu gewährleisten.

SALAT DRESSING

einfach | 5 Minuten | 5 Minuten | 2 Portionen

ZUTATEN:

3 EL kaltes Wasser I 1 EL Apfelessig oder Balsamico weiß I 1 Prise Zucker oder 1 TL Honig (flüssig) I ½ TL Salz I 1 Prise Pfeffer I 1 TL Senf (optional) I 2 EL Olivenöl I 1 Bund Schnittlauchröllchen

ZUBEREITUNG:

1. Wasser, Essig, Zucker oder Honig, Salz, Pfeffer und optional Senf in einer Schüssel gut verrühren, bis alle Zutaten (wie Salz und Zucker oder Honig) aufgelöst sind.
2. Olivenöl und Schnittlauchröllchen dazu geben und gut verrühren.
3. Mit Pfeffer nach Geschmack abrunden.

TIPPS UND TRICKS:

Gerne können Sie auch mehrere Portionen vorbereiten. In einem sauberen Schraubglas oder einer Glasflasche hält sich das Dressing im Kühlschrank ein paar Tage. Vor der Verwendung kräftig schütteln, damit sich alle Zutaten wieder miteinander verbinden.

Seien Sie kreativ und variieren Sie gemeinsam mit Ihrem Kind die Kräuter.

Verwenden Sie nur hochwertigen Essig und ebenfalls hochwertiges Öl.

Wer das Dressing süßlicher mag, kann einfach mehr Zucker oder Honig hinzugeben.

FRÜHSTÜCK

Bevor Ihr Kind in den Tag startet, sollte es unbedingt ein gesundes Frühstück zu sich nehmen. Nur so hat Ihr Kind die gesamte Energie, um es mit dem Tag aufnehmen zu können.

GEBÄCK

EINFACHES BROTREZEPT MIT KÖRNERN

einfach | 15 Minuten | 2,5 Stunden | etwa 12 Scheiben

ZUTATEN:

700 Gramm Dinkel Vollkornmehl I 2 TL Trockenhefe I 1 TL Rohrzucker I 1 EL Brotgewürz I 1 TL Oregano getrocknet I 100 Gramm Sonnenblumenkerne I 50 Gramm Kürbiskerne I 550 ml lauwarmes Wasser I 50 ml Olivenöl I 2 EL Leinsamen I etwas Butter zum Einfetten der Backform (ca. 30x15 cm)

ZUBEREITUNG:

1. Das Dinkelmehl mit der Trockenhefe, dem Rohrzucker, dem Brotgewürz, dem Oregano, den Sonnenblumenkernen und den Kürbiskernen mit den Händen oder in einer Küchenmaschine mit Knethacken gut vermischen.
2. Das Wasser und das Olivenöl dazu geben und zu einem Teig verkneten. Der Teig ist fertig, wenn er sich vom Rand löst. Die Schüssel mit einem Tuch bedecken und bei etwa 30 Grad für mindestens eine Stunde quellen lassen.
3. Nach der Ruhezeit den Teig auf eine leicht bemehlte Arbeitsfläche geben und mit den Händen noch einmal kurz durchkneten.
4. Den Teig in eine leicht gebutterte Backform geben und mit den Leinsamen bestreuen. Das Brot für weitere 20 Minuten ruhen lassen.
5. Backofen auf 200 Grad Ober- und Unterhitze (oder 180 Grad Umluft) vorheizen.
6. Das Brot auf mittlerer Schiene im Ofen für 50 Minuten backen. Aus dem Ofen nehmen, für 10 Minuten auskühlen lassen und dann erst aus der Form stürzen.

TIPPS UND TRICKS:

Falls Sie einen Brotbackautomaten haben, können Sie auch alle Zutaten einfach hineingeben und im Menü das Programm Vollkorn einstellen.

PFANNENBROT

einfach | 30 Minuten | 60 Minuten | 8 Stück

ZUTATEN:

300 Gramm Mehl I 200 Gramm feinen Maisgrieß I 18 Gramm Trockenhefe I ½ TL Rohrzucker I 1 TL Kräutersalz I 2 EL Olivenöl I 300 ml lauwarmes Wasser I 2 EL Petersilie gehackt I Kokosöl zum Braten

ZUBEREITUNG:

1. Das Mehl mit dem Maisgrieß, der Trockenhefe, dem Rohrzucker und dem Kräutersalz in eine Schüssel geben und vermischen.
2. Das Olivenöl, das lauwarme Wasser und die gehackte Petersilie dazu geben und mit den Händen zu einem glatten Teig verkneten. Die Schüssel mit einem Küchentuch bedecken und für 60 Minuten quellen lassen.
3. Den Teig in 8 gleiche Stücke schneiden und mit leicht bemehlten Händen zu Kugeln formen.
4. Eine Pfanne mit etwas Kokosöl erhitzen. Die Kugeln mit den Händen flach drücken. Die Pfannenbrote für etwa 3 Minuten je Seite auf mittlerer Hitze braten.

TIPPS UND TRICKS:

Sie können die Teiglinge vor dem Backen auch wunderbar einfrieren. Danach am besten am Vorabend aus der Kühlung nehmen und am Morgen frisch in der Pfanne backen.

BLÄTTERTEIG HÖRNCHEN

einfach | 10 Minuten | 30 Minuten | 6 Stück

ZUTATEN:

100 Gramm Blätterteig (aufgetaut oder aus dem Kühlregal) I 100 Gramm Schokolade Zartbitter (optional) I 1 Ei I 6 TL Mandelblättchen

ZUBEREITUNG:

1. Backofen auf 190 Grad Ober- und Unterhitze (oder 170 Grad Umluft) vorheizen.
2. Den Blätterteig auf eine leicht bemehlte Arbeitsfläche geben und in 6 gleichgroße Dreiecke schneiden.
3. Optional: Die Schokolade grob zerbrechen und auf die breite Seite der Dreiecke legen.
4. Mit der breiten Seite einrollen, zu Hörnchen formen und auf ein mit Backpapier ausgelegtes Backblech legen.
5. Das Ei in einer kleinen Schale verrühren und die Hörnchen damit einpinseln.
6. Mit den Mandelblättchen bestreuen.
7. Die Hörnchen auf mittlerer Schiene für 20 Minuten goldbraun backen. Aus dem Ofen nehmen und kurz auskühlen lassen.

TIPPS UND TRICKS:

Sie können die Hörnchen auch mit diversen Konfitüren oder zum Beispiel pikant füllen oder pur backen.

VEGANE HAFERMILCH BRÖTCHEN

einfach | 15 Minuten | 1,5 Stunden | 12 Stück

ZUTATEN:

250 ml lauwarme Hafermilch I 70 Gramm weiche Butter I 2 TL Rohrzucker I 1 Päckchen Trockenhefe I 500 Gramm Mehl I etwas Hafermilch zum Einpinseln I etwas Butter für die Backform (ca. 30x20 cm)

ZUBEREITUNG:

1. Die lauwarme Hafermilch mit der Butter, dem Rohrzucker und der Trockenhefe in eine Schüssel geben und verrühren.
2. Das Mehl dazu geben und mit einem Handmixer mit Knethacken gut verkneten. Die Schüssel mit einem Tuch bedecken und an einem warmen Ort für eine Stunde quellen lassen.
3. Den Teig auf eine leicht bemehlte Arbeitsfläche geben und mit den Händen kurze durchkneten. In 12 gleiche Stücke schneiden und zu Kugeln formen.
4. Die Backform mit etwas Butter einfetten. Die Teigkugeln mit etwas Abstande in die Form legen und für weitere 20 Minuten ruhen lassen.
5. Nach der Ruhezeit den Backofen auf 190 Grad Ober- und Unterhitze (oder 170 Grad Umluft) vorheizen. Die Brötchen mit etwas Hafermilch einpinseln und auf mittlerer Schiene für etwa 20 Minuten goldbraun backen.

TOASTBROT

einfach | 15 Minuten | 1,5 Stunden | 12 Scheiben

ZUTATEN:

250 Gramm Mehl I 1 TL Trockenhefe I ½ TL Rohrzucker I 1 EL Kokosöl I 120 ml lauwarmes Wasser I 50 ml lauwarme Milch I etwas Kräutersalz I Butter zum Einfetten der Backform (ca. 25x12 cm)

ZUBEREITUNG:

1. Das Mehl mit der Trockenhefe und dem Rohrzucker in eine Schüssel geben und vermischen.
2. Das Kokosöl, das Wasser und die Milch dazu geben und gut verkneten. Den Teig mit einem Küchentuch bedecken und für eine Stunde gehen lassen.
3. Den Teig auf eine leicht bemehlte Arbeitsfläche geben und ein weiteres Mal durchkneten. In die gebutterte Backform geben und für weitere 20 Minuten quellen lassen.
4. Backofen auf 200 Grad Ober- und Unterhitze (oder 180 Grad Umluft) vorheizen. Im Backofen für 25 Minuten backen lassen.
5. Das Toastbrot aus dem Ofen nehmen und für 10 Minuten in der Form auskühlen lassen. Dann erst das Toastbrot aus der Form stürzen.

KORNBRÖTCHEN

einfach | 20 Minuten | 1,5 Stunden | 10 Stück

ZUTATEN:

900 Gramm Mehl | 1 Päckchen Trockenhefe | 2 TL Rohrzucker | 1 TL Kreuzkümmel gemahlen | 1 TL Koriander gemahlen | ½ TL Fenchelsamen gemahlen | 1 TL Kräutersalz | 100 Gramm gehackte Sonnenblumenkerne | 1 EL Leinsamen geschrotet | 150 Gramm Sauerteig | 750 ml lauwarmes Wasser

ZUBEREITUNG:

1. Das Mehl mit der Trockenhefe, dem Rohrzucker, dem Kreuzkümmel, dem Koriander, den Fenchelsamen und mit dem Kräutersalz in eine Schüssel geben und alles gut vermischen.
2. Den Sauerteig mit 450 Gramm der trockenen Zutaten und 500 ml Wasser in eine Schüssel geben und gut verrühren. Für 10 Minuten ruhen lassen.
3. Mit den restlichen Zutaten verkneten. Der Teig sollte klebrig sein. Mit einem Tuch bedecken und für eine Stunde an einem warmen Ort gehen lassen.
4. Den Teig auf eine mit reichlich Mehl bestäubte Arbeitsfläche geben und in 10 gleichgroße Stücke schneiden. Die Teiglinge im Mehl wälzen und etwas flach drücken.
5. Die Brötchen auf ein mit Backpapier ausgelegtes Backblech legen und für 15 Minuten ruhen lassen.
6. Backofen auf 200 Grad Ober- und Unterhitze (oder 180 Grad Umluft) vorheizen. Auf mittlerer Schiene für 25 Minuten backen.

TIPPS UND TRICKS:

Die 900 Gramm Mehl können Sie auch so aufteilen für mehr Abwechslung: 500 Gramm Dinkelvollkornmehl | 300 Gramm Mehl | 100 Gramm Mandelmehl

Sauerteig können Sie selbst ansetzen oder in jedem Reformhaus kaufen.

BROTAUFSTRICHE

PISTAZIEN STREICH

einfach | 10 Minuten | 10 Minuten | 1 Schraubglas (ca.300 ml)

ZUTATEN:

½ Tüte Pistazien geröstet I ½ Knoblauchzehe I 3 kleine Kirschtomaten I ½ EL Olivenöl I ½ EL Butter I 1 Prise Kräutersalz

ZUBEREITUNG:

1. Pistazien, Knoblauchzehe, Kirschtomaten, Olivenöl und Butter in eine Schüssel geben und mit dem Stabmixer pürieren.
2. Mit Kräutersalz abschmecken.

TIPPS UND TRICKS:

Dieser herzhafte Pistazienaufstrich kann auch als Pesto zu Nudeln verwendet werden.

TOMATEN MOZZARELLA AUFSTRICH

einfach | 15 Minuten | 15 Minuten | 1 Schraubglas (ca.300 ml)

ZUTATEN:

3 Tomaten I 1 Schalotte I 1 EL Basilikum frisch I 125 Gramm Mozzarella I I 1 EL Olivenöl I etwas Kräutersalz und Pfeffer zum Abschmecken

ZUBEREITUNG:

1. Tomaten waschen, Strunk entfernen, das Innere entfernen und würfelig schneiden. Schalotte und Mozzarella klein würfeln. Basilikum hacken.
2. Optional: geben Sie 1 EL gehacktes Basilikum auf die Seite für die Dekoration beim Anrichten.
3. Tomaten, Schalotte, Basilikum, Mozzarella, Olivenöl in eine Schüssel geben und glatt pürieren.
4. Mit Kräutersalz und Pfeffer abschmecken.

TIPPS UND TRICKS:

Brotaufstriche können sehr vielseitig verwendet werden. Diese schmecken nicht nur herrlich am Brötchen, sondern auch zu Gemüsesticks, in Tramezzini oder als Dip.

BÄRLAUCH STREICH

einfach | 15 Minuten | 15 Minuten | 1 Schraubglas (ca.300 ml)

ZUTATEN:

200 Gramm Frischkäse I 2 EL Sahne I 60 Gramm Bärlauch I 1 Spritzer Zitronensaft (optional) I etwas Kräutersalz und Pfeffer zum Abschmecken

ZUBEREITUNG:

1. Bärlauch waschen, trocken tupfen und klein hacken.
2. Bärlauch mit Frischkäse, Sahne und optional 1 Spritzer Zitronensaft in einer Schüssel vermischen mit einer Gabel.
3. Mit Kräutersalz und Pfeffer abschmecken.

TIPPS UND TRICKS:

Bärlauch darf selbst gepflückt werden (maximal ein Handstrauß für den persönlichen Gebrauch). Der beste Erntezeitraum ist im Frühjahr. Wenn Sie die Blätter zwischen den Fingern reiben und diese nach Knoblauch riechen, dann haben Sie das richtige Kräutlein erwischt.

FRISCHKÄSEAUFSTRICH

mit Radieschen und Schnittlauch

einfach | 15 Minuten | 1 Stunde | 1 Schraubglas (ca.300 ml)

ZUTATEN:

100 Gramm Frischkäse I 100 Gramm Quark I ½ Bund Radieschen I 1 Bund Schnittlauch I 1 Prise Kräutersalz

ZUBEREITUNG:

1. Radieschen in kleine Würfel schneiden oder raspeln. Schnittlich in Röllchen schneiden.
2. Optional: Ein paar Radieschen-Streifen und Schnittlauchröllchen zur Seite stellen zum Dekorieren beim Anrichten.
3. Frischkäse, Radieschen, Schnittlauch und Kräutersalz in eine Schüssel geben und gut vermischen mit einer Gabel.
4. Aufstrich für ca. 1 Stunde im Kühlschrank ziehen lassen.
5. Mit Radieschen und Schnittlauch garniert servieren.

TIPPS UND TRICKS:

Passt auch perfekt zu Gemüsesticks.

MÖHREN STREICH

mit Feta und Frischkäse

einfach | 10 Minuten | 10 Minuten | für ca. 200 Gramm

ZUTATEN:

100 g Möhren I 100 g Feta-Käse I 100 g Frischkäse I ½ EL Petersilie I ½ EL Rosmarin I etwas Kräutersalz und Pfeffer zum Abschmecken

ZUBEREITUNG:

1. Möhren waschen, schälen und raspeln. Feta zerbröseln. Frische Kräuter (Petersilie und Rosmarin) waschen, trocken tupfen und klein hacken.
2. Möhren, Feta, Frischkäse, Kräuter in eine Schüssel geben und pürieren.
3. Mit Salz und Pfeffer abschmecken.

TIPPS UND TRICKS:

Mit den frischen Kräutern können Sie nach Belieben variieren. Der Aufstrich ist im Kühlschrank ca. 5 Tage haltbar.

THUNFISCH ZITRONEN

Aufstrich

einfach | 15 Minuten | 15 Minuten | für ca. 200 Gramm

ZUTATEN:

140 g Thunfisch, in Lake (Dose) I ½ Bio-Zitrone I 1 TL Petersilie oder Zitronenmelisse I 2 EL Mascarpone I ½ TL Kapern (optional) I 1 EL fein gemahlene Mandeln I 1 Prise Pfeffer

ZUBEREITUNG:

1. Thunfisch gut abtropfen lassen. Petersilie oder Zitronenmelisse waschen, trocken tupfen und klein hacken. 1 EL Zitrone auspressen und ½ TL der Zitronenschale abreiben.
2. Thunfisch, Zitronensaft, Zitronenschale, Petersilie oder Zitronenmelisse, Mascarpone und optional Kapern in eine Schüssel geben und pürieren. Mandeln untermischen und mit Pfeffer abschmecken.

TIPPS UND TRICKS:

Der Thunfisch-Aufstrich hält im Kühlschrank ca. 4 Tage.

KONFITÜRE

ohne Gelierzucker

einfach	15 Minuten	ca. 55 Minuten	1 Schraubglas (ca.500 ml)

ZUTATEN:

180 g Erdbeeren I 1 Apfel (70 g) I 15 ml Zitronensaft I 250 g Zucker

ZUBEREITUNG:

1. Erdbeeren waschen und trocken tupfen. Den Apfel waschen und entkernen. Obst in kleine Stücke schneiden
2. Obst, Zitronensaft und Zucker in einen großen Topf geben und vermischen.
3. Mischung unter häufigem Rühren langsam aufkochen. Mit einem Stabmixer pürieren bis zur gewünschten Konsistenz zerkleinern.
4. Bei mittlerer Stufe unter leichtem Köcheln (ohne Deckel) die Konfitüre einkochen (ca. 45-90 Minuten). Ab und zu umrühren.
5. Mit dem Löffel-Test erkennen Sie, ob die Konfitüre fertig ist: Einen Löffel kurz in die Konfitüre tunken und dann leicht schräg halten. Wenn die Fruchtmasse sehr langsam daran herunterläuft, ist die Konfitüre fertig.
6. Konfitüre in ein sauberes und warmes Schraubglas füllen und sofort mit dem Schraubdeckel verschließen.

TIPPS UND TRICKS:

Das Schraubglas sollte beim Befüllen warm sein, damit das Glas nicht zerspringt. Einfach im Backofen bei 120 Grad Umluft für ca. 15 Minuten vorwärmen.

Erdbeerkonfitüre schmeckt wunderbar fruchtig und nach Kindheit. Sie können aber auch jede Obstsorte oder Obstmischung verarbeiten.

Verwenden Sie nur reifes Obst.

Im Kühlschrank ist die geöffnete Konfitüre bis zu einem Monat haltbar.

Diese Konfitüre schmeckt nicht nur am Frühstücksbrötchen herrlich, sondern auch im Naturjoghurt.

DATTELCREME AUFSTRICH

einfach	15 Minuten	15 Minuten	1 Schraubglas (ca.300 ml)

ZUTATEN:

50 Gramm Datteln entsteint I ¼ Bund Frühlingszwiebeln I ½ Becher Schmand I 100 Gramm Frischkäse I 1 Prise Salz

ZUBEREITUNG:

1. Datteln, Frühlingszwiebeln klein schneiden oder mit dem Stabmixer grob pürieren.
2. Schmand und Frischkäse dazu mischen und mit einer Prise Salz abschmecken.

TIPPS UND TRICKS:

Die Dattelcreme ist eine leckere Alternative zur Konfitüre.

FRÜHSTÜCKSREZEPTE MIT FLEISCH

ROBOTER

mit Wurst und Gemüse

einfach	5 Minuten	5 Minuten	1 Roboter

ZUTATEN:

buntes Gemüse - zum Beispiel 3 Kirschtomaten, 1 dicke Gurkenscheibe, 1 Olive I 2 Scheiben Wurst und 2 Scheiben Käse

ZUBEREITUNG:

1. Alle Zutaten in kleine Würfel und Scheiben schneiden.
2. Am Teller alles lustig zu einem Roboter anordnen.

TIPPS UND TRICKS:

Der Trick bei der lustig arrangierten Form ist, dass Kinder definitiv mehr Obst und Gemüse essen, als sie es tun würden, wenn Sie einen leeren Teller und eine große Schüssel für alle vor sich hätten.

Variieren Sie mit dem Gemüse nach Saison, Farbe und Geschmack Ihres Kindes. Probieren Sie immer wieder Neues aus und seien Sie gemeinsam kreativ bei den Motiven.

So bekommen Kinder Lust auf für sie vielleicht neue Gemüsesorten.

EIER-MUFFINS

mit Speck

einfach	10 Minuten	25 Minuten	6 Muffins

ZUTATEN:

12 dünne Scheiben Speck I 6 Eier I 6 EL Joghurt I 1 rote Paprika fein gewürfelt I 1 EL Petersilie gehackt I Kräutersalz I Butter zum Einfetten der Muffinformen

ZUBEREITUNG:

1. Backofen auf 200 Grad Ober- und Unterhitze (oder 180 Grad Umluft) vorheizen.
2. Je 2 Speckscheiben in eine Muffinform über Kreuz legen.
3. Die Eier mit dem Joghurt, der Paprika, der Petersilie und Kräutersalz in einer Schüssel leicht schaumig rühren.
4. Die Mischung in gebutterten Muffinformen gießen. Mit dem überstehenden Speck bedecken.
5. Die Formen auf das Ofengitter stellen und auf mittlerer Schiene für 12 Minuten backen. Aus dem Ofen nehmen und vorsichtig aus den Formen gleiten lassen.

TIPPS UND TRICKS:

Die Eier-Muffins können auch ohne Speck zubereitet werden.

Anstelle von Speck können Sie klein geschnittenes Gemüse nach Lust und Laune dazu geben.

Die Eier-Muffins können ca. 3 Tage im Kühlschrank aufbewahrt werden. Vor dem Verzehr kurz aufwärmen und fertig ist ein leckerer Snack für Zwischendurch.

MAC MUFFIN

hausgemacht

einfach | 10 Minuten | 10 Minuten | 2 Portionen

ZUTATEN:

2 Eier I 2 EL Butter I 2 Toasty-Brötchen (oder 4 Vollkorn-Toastscheiben) I 2 Scheiben Käse I 2 Scheiben Geflügelschinken I 2 Salatblätter

ZUBEREITUNG:

1. Eine Pfanne erhitzen und etwas Butter darin aufschäumen lassen.
2. Die Eier in zwei Eier-Bratringe mit ca. 10 cm Durchmesser schlagen.
3. Nach 90 Sekunden die Eier wenden und für weiter 90 Sekunden braten.
4. Die Toasty Brötchen toasten und mit etwas Butter bestreichen.
5. Zwei Brötchen-Hälften mit Käse und Schinken belegen, die Eier daraufsetzen, mit den Salatblättern ergänzen und mit den übrigen 2 Brötchen-Hälften bedecken.

TIPPS UND TRICKS

Toasty Brötchen gibt es in vielen Supermärkten. Sie sind eine Mischung aus Toast und Burger-Brot.

Eier-Bratringe gibt es ebenfalls im Supermarkt zu kaufen.

BLÄTTERTEIG-TASCHEN

mit Schinken und Käse

einfach | 15 Minuten | 25 Minuten | 6 Portionen

ZUTATEN:

1 Packung Blätterteig (ca. 270 Gramm aus dem Kühlregal) I 6 TL Frischkäse I 180 Gramm Schinken klein gewürfelt I 180 Gramm Emmentaler gerieben I 1 Ei I 6 TL Sesamsamen

ZUBEREITUNG:

1. Backofen auf 220 Grad Ober- und Unterhitze (oder 200 Grad Umluft) vorheizen.
2. Den Blätterteig in sechs Stücke schneiden. In die Mitte den Frischkäse platzieren. Den Schinken mit dem Käse vermischen und auf den Frischkäse geben. Darauf achten, dass mindestens 1,5 cm Rand des Teiges frei bleiben.
3. Das Ei verquirlen und die Ränder des Teiges damit einstreichen. Zu einem Dreieck zusammenklappen und den Rand festdrücken.
4. Auf ein mit Backpapier ausgelegtes Backblech legen. Mit dem Ei einpinseln und mit dem Sesam bestreuen.
5. Auf mittlerer Schiene für 10 bis 12 Minuten goldbraun backen.

LUSTIGES PIRATEN SPIEGELEI

mit Schinken und Gemüse

einfach | 5 Minuten | 15 Minuten | 1 Gesicht (1 Portion)

ZUTATEN:

1 Ei I 1 TL Butter I 1 Scheibe Schinken I 1 Streifen Möhre I 1 Scheibe Zucchini I 1 HeidelbeereI 2 Streifen Paprika

ZUBEREITUNG:

1. Die Butter in einer Pfanne erhitzen.
2. Das Ei in die Pfanne schlagen und bei mittlerer Hitze braten, bis es zu einem Spiegelei gestockt ist.
3. Mit dem Schinken die Piratenkappe, mit der Möhre das Augenklappenband, mit Zucchini und Heidelbeere das Auge, mit der Paprika Nase und Mund kreieren und fertig ist der lustige Pirat.

SCHINKEN MUFFINS

einfach | 10 Minuten | 30 Minuten | 4 Stück

ZUTATEN:

2 Eier I 100 Gramm Frischkäse I 60 Gramm Mehl I ½ TL Weinstein Backpulver I etwas Kräutersalz I 60 Gramm Schinken würfelig geschnitten I 2 EL Petersilie gehackt I Butter zum Einfetten der Muffinformen

ZUBEREITUNG:

1. Backofen auf 170 Grad Ober- und Unterhitze (oder 150 Grad Umluft) vorheizen.
2. Die Eier trennen, das Eiweiß schaumig schlagen und zur Seite stellen.
3. Die Eigelb mit dem Frischkäse verrühren. Mehl, Weinstein Backpulver, Kräutersalz, Schinken und Petersilie ebenfalls dazu einrühren.
4. Den Eischnee vorsichtig unterheben.
5. In die gebutterten Muffinformen füllen und auf mittlerer Schiene für 12 Minuten backen. Aus dem Ofen nehmen und vorsichtig aus der Form stürzen.

TIPPS UND TRICKS:

Die Muffins schmecken warm und kalt. Die fertig gebackenen und ausgekühlten Muffins lassen sich auch wunderbar einfrieren.

FRÜHSTÜCKSREZEPTE VEGETARISCH

MÜSLI IM GLAS

einfach | 10 Minuten | 10 Minuten | 1 Glas

ZUTATEN:

200 Gramm Naturjoghurt I 1 EL Honig I 3 EL Müsli (mit Trockenobst) I 2 EL Beeren (Himbeeren und Heidelbeeren)

ZUBEREITUNG:

1. Naturjoghurt mit dem Honig verrühren.
2. In das Glas schichtweise ca. die Hälfte vom Joghurt füllen, dann das Müsli darüber und dann den restlichen Joghurt geben.
3. Zum Abschluss obendrauf die Beeren und servieren.

HAFERBREI

mit Bananen und Nüssen

einfach | 15 Minuten | 20 Minuten | 2 Portionen

ZUTATEN:

30 Gramm Haferflocken I 150 ml Milch I 2 EL Honig I ½ TL Zimt gemahlen I 2 EL geröstete Walnüsse gehackt I 2 EL geröstete Mandeln gehackt I ½ Banane

ZUBEREITUNG:

1. Die Haferflocken in einen kleinen Topf geben und diesen langsam erhitzen. Haferflocken leicht anrösten und mit der Milch aufgießen.
2. Mit einem Esslöffel Honig und dem Zimt würzen.
3. Die Haferflocken einmal aufkochen lassen und vom Herd nehmen. Etwas auskühlen lassen und in zwei Schalen füllen.
4. Die Banane schälen und in Scheiben schneiden. Den Haferbrei mit den Nüssen und den Bananenscheiben verfeinern. Den restlichen Honig darüber laufen lassen.

PIKANTER MILCHREIS

mit geriebenen Möhren

mittel | 10 Minuten | 35 Minuten | 2 Portionen

ZUTATEN:

80 Gramm Milchreis I 350 ml Mandelmilch I etwas Kräutersalz I eine Prise Muskatnuss I ¼ Möhre I 20 Gramm Käse gerieben I Obst zum Dekorieren (optional)

ZUBEREITUNG:

1. Die Möhre schälen und grob raspeln.
2. Den Milchreis mit der Mandelmilch, dem Kräutersalz, der Muskatnuss und der Möhre in einen Topf geben.
3. Den Milchreis aufkochen lassen, die Hitze reduzieren und mit geschlossenem Deckel für etwa 15 Minuten weiter garen. Ab und an umrühren.
4. Den Reis vom Herd nehmen, den Käse einrühren und mit geschlossenem Deckel für weitere 10 Minuten ziehen lassen.
5. Optional mit Obst dekorieren.

TIPPS UND TRICKS:

Sie können den pikanten Milchreis immer wieder mit anderem Gemüse verfeinern. Erbsen und Zuckerschoten sind ebenfalls sehr beliebt.

FRÜHSTÜCKS TRAMEZZINI ROLLE

einfach | 10 Minuten | 15 Minuten | 2 Portionen

ZUTATEN:

2 Scheiben Tramezzini I 2 TL Frischkäse I 40 Gramm Zucchini I 2 Scheiben Tomaten I 2 Scheiben Käse I 1 EL Butter

ZUBEREITUNG:

1. Die Tramezzini mit einem Nudelholz dünn ausrollen.
2. Mit dem Frischkäse bestreichen.
3. Die Zucchini in feine Scheiben schneiden und auf dem Frischkäse leicht überlappend verteilen. Die Tomatenscheiben halbieren und ebenfalls verteilen.
4. Mit dem Käse belegen und einrollen.
5. Die Butter in einer Pfanne erhitzen und die Tramezzini bei mittlerer Hitze darin rundherum goldbraun braten, bis der Käse schmilzt.

GEFÜLLTE TOMATEN

mit Frischkäse und Datteln

einfach | 20 Minuten | 20 Minuten | 2 Portionen

ZUTATEN:

8 Kirschtomaten I 2 getrocknete Datteln entsteint I 2 EL Frischkäse I Kräutersalz I ein Spitzer Zitronensaft I 2 Brötchen I Butter (optional)

ZUBEREITUNG:

1. Die Tomaten waschen und trocken tupfen.
2. Tomaten-Deckel abschneiden und mit einem kleinen Kugel-Ausstecher die Tomaten vorsichtig aushöhlen.
3. Die Datteln fein hacken und mit dem Frischkäse, dem Kräutersalz und dem Zitronensaft verrühren.
4. In die Tomaten füllen und Tomaten-Deckel wieder draufsetzen.
5. Brötchen optional mit Butter bestreichen und dazu servieren.

TIPPS UND TRICKS:

Die Tomaten lassen sich wunderbar bereits am Vorabend zubereiten.

FRÜHSTÜCKSREZEPTE VEGAN

AVOCADO SANDWICH

einfach	10 Minuten	10 Minuten	2 Portionen

ZUTATEN:

4 Scheiben Vollkorntoast I ¼ Avocado I ein Spritzer Zitronensaft I 1 EL Sojajoghurt I Kräutersalz I 1 Banane

ZUBEREITUNG:

1. Den Vollkorntoast toasten.
2. Die Avocado mit einer Gabel leicht zerdrücken und mit Zitronensaft, dem Sojajoghurt und Kräutersalz abschmecken.
3. Die Avocadocreme auf zwei Scheiben Toast verstreichen.
4. Die Banane schälen, in dünne Scheiben schneiden und auf der Avocado verteilen.
5. Jeweils mit der zweiten Toastscheiben bedecken und in kleine Dreiecke schneiden.

TIPPS UND TRICKS:

Anstatt der Bananen können Sie sämtliche anderen Früchte wie zum Beispiel Ananas, Mango, Erdbeeren oder Nektarinen verwenden.

RÜHRTOFU MIT TOMATEN

einfach | 10 Minuten | 10 Minuten | 2 Portionen

ZUTATEN:

180 Gramm Tofu I 1 TL Kokosöl I 3 EL Sojajoghurt I 1 Messerspitze Kurkuma I eine kleine Prise schwarzer Pfeffer I 1 EL Hefeflocken I 1 Prise Kräutersalz I 2 Tomaten

ZUBEREITUNG:

1. Den Tofu trocken tupfen und fein zerbröseln.
2. Das Kokosöl in einer Pfanne erhitzen und den Tofu darin anbraten.
3. Den Sojajoghurt mit dem Kurkuma, dem Pfeffer, den Hefeflocken und einer guten Prise Salz in einer Schüssel verrühren.
4. Den Joghurt über den Tofu gießen und verrühren.
5. Die Tomaten waschen, trocken tupfen und in kleine Würfel schneiden.
6. Tomaten dazu geben und für weitere 3 Minuten braten.

TIPPS UND TRICKS:

Natürlich können Sie das Rührei auch immer wieder mit anderem Gemüse abwandeln.

Sehr köstlich schmeckt es außerdem mit frischen Kräutern aus dem eigenen Garten.

PANCAKES MIT FRÜCHTEN

einfach | 15 Minuten | 15 Minuten | 2 Portionen

ZUTATEN:

1 reife Banane I 100 ml Kokosmilch I 100 Gramm Mehl I ½ TL Weinstein Backpulver I 1 EL Rohrzucker I Butter zum Braten I ½ Banane I 2 EL Himbeeren I 2 EL Heidelbeeren I 1 Kiwi

ZUBEREITUNG:

1. Die reife Banane schälen und mit der Kokosmilch in ein hohes Gefäß geben und mit einem Stabmixer fein pürieren.
2. Das Mehl mit dem Weinstein Backpulver und dem Rohrzucker dazu geben und verrühren.
3. Die Butter in einer Pfanne erhitzen.
4. Aus der Masse kleine Pancakes bei mittlerer Hitze für eine Minute je Seite braten.
5. Die Beeren waschen und trocken tupfen. Die halbe Banane in Scheiben schneiden. Die Kiwi schälen und in Scheiben schneiden.
6. Die Pancakes mit den Früchten anrichten.

TIPPS UND TRICKS:

Bei Bedarf die Pancakes mit etwas veganem Honig aus Löwenzahn oder mit Ahornsirup verfeinern.

PIKANTER GRIESSBREI

einfach | 15 Minuten | 20 Minuten | 2 Portionen

ZUTATEN:

50 Gramm Hokkaido Kürbis I 1 TL Butter I 180 ml Mandelmilch I 30 Gramm Weichweizengrieß I Kräutersalz I etwas Pfeffer I eine Prise Muskatnuss I 2 EL Sonnenblumenkerne geröstet

ZUBEREITUNG:

1. Den Kürbis in kleine Würfel schneiden.
2. Die Butter in einem Topf erhitzen und den Kürbis darin anschwitzen.
3. Mit der Mandelmilch aufgießen und aufkochen lassen.
4. Den Weichweizengrieß in den Topf geben und unter ständigem Rühren für 5 Minuten kochen lassen.
5. Mit Kräutersalz, Pfeffer und Muskatnuss würzen. Vom Herd nehmen und für weitere 5 Minuten ziehen lassen.
6. In zwei Schalen anrichten und mit den Sonnenblumenkernen bestreuen.

SÜSSE GRIESSBREI-EULE

mit Früchten

einfach | 15 Minuten | 15 Minuten | 2 Portionen

ZUTATEN:

25 Gramm Weichweizengrieß I 1 EL Rohrzucker I 200 ml Hafermilch I ½ TL Zimt gemahlen I eine Messerspitze Vanillepulver I ½ Mango I ½ Banane I 4 Heidelbeeren I 6 Mandeln

ZUBEREITUNG:

1. Den Weichweizengrieß mit dem Rohrzucker, der Hafermilch, dem Zimt und dem Vanillezucker in einen kleinen Topf geben und langsam erhitzen.
2. Unter ständigem Rühren für 5 Minuten kochen lassen. Vom Herd nehmen, in zwei Schälchen füllen und etwas auskühlen lassen.
3. Mango und Banane schälen und in die gewünschten Formen schneiden, um eine Eule zu kreieren.
4. Den Grießbrei mit den Früchten lustig garnieren: Bananenstücke für Augen und Körper, Mango für Flügel und Augenbrauen, Heidelbeeren für die Augen, Mandeln für Schnabel und Füße.

BUNTE JOGHURT BOWL

einfach | 10 Minuten | 10 Minuten | 2 Portionen

ZUTATEN:

250 Gramm Kokosjoghurt I 3 Erdbeeren I 1 EL Rohrzucker I ein Spritzer Limettensaft I 1 Kiwi I 50 Gramm Papaya I ½ Banane I 2 TL Chiasamen I 2 TL Mandeln gehobelt

ZUBEREITUNG:

1. Den Kokosjoghurt mit den geputzten und gewaschenen Erdbeeren, dem Rohrzucker und Limettensaft in einen Mixer geben und pürieren. Den Joghurt in zwei Schalen füllen.
2. Die Kiwi schälen und in Halbmondscheiben schneiden. Die Papaya in 1 cm große Würfel schneiden. Die Banane in Scheiben schneiden.
3. Den Erdbeer-Kokosjoghurt mit den Früchten, den Chiasamen und den Mandeln bunt garnieren.

TIPPS UND TRICKS:

Sie können hier immer wieder zu anderen Früchten, Nüssen und Samen greifen und die Bowl so richtig farbenfroh gestalten.

FRÜHSTÜCKSREZEPTE SÜSS

LEBKUCHEN BISKUITS

einfach | 15 Minuten | 25 Minuten | 2 Portionen

ZUTATEN:

1 Ei I 1 Eigelb I eine Prise Salz I 1 EL Milch I 1 EL Honig I 2 EL Mehl I eine Messerspitze Lebkuchen Gewürz

ZUBEREITUNG:

1. Den Backofen auf 200 Grad Ober- und Unterhitze (oder 180 Grad Umluft) vorheizen.
2. Das Ei trennen und das Eiweiß mit dem Salz steif schlagen.
3. Die Eigelb mit der Milch und dem Honig verrühren.
4. Das Mehl und das Lebkuchen Gewürz zur Dottermasse geben und verrühren.
5. Den Eischnee vorsichtig unterheben.
6. Die Masse in einen Spritzbeutel füllen und auf ein mit Backpapier ausgelegtes Backblech 8 cm lange Streifen spritzen.
7. Das Blech in den Ofen schieben und auf mittlerer Schiene für 8 Minuten backen.
8. Aus dem Ofen nehmen und entweder gleich warm, oder später kalt verspeisen.

TIPPS UND TRICKS:

Diese Biskuits sind auch ein großartiges Frühstück für unterwegs oder zum Beispiel ein super Snack für zwischendurch.

ERDNUSSBUTTER TOAST

mit Banane

einfach | 5 Minuten | 5 Minuten | 2 Portionen

ZUTATEN:

2 Scheiben Vollkorntoast I 2 EL Erdnussbutter (Zimmertemperatur) I 1 Banane I 2 EL Himbeerkonfitüre (optional)

ZUBEREITUNG:

1. Die Toastscheiben toasten und mit der Erdnussbutter bestreichen.
2. Die Banane schälen und in Scheiben schneiden.
3. Die Bananenscheiben auf der Erdnussbutter verteilen und optional mit der Himbeerkonfitüre bestreichen.

TIPPS UND TRICKS:

Erdnussbutter lässt sich aus Erdnüssen in einem guten Hochleistungsmixer auch rasch selbst herstellen. Sie brauchen dafür lediglich Erdnüsse und optional Gewürze, um die Erdnussbutter süß oder pikant abzuschmecken.

WARMER, SÜSSER PORRIDGE

Over Night Oats

einfach | 10 Minuten | 8 Stunden | 2 Portionen

ZUTATEN:

4 EL Haferflocken I 250 ml Milch I ¼ Apfel I ¼ Banane I ½ TL Zimt gemahlen I 1 EL HonigI 2 Erdbeeren

ZUBEREITUNG:

1. Den Apfel schälen, entkernen und raspeln.
2. Die Banane schälen und in kleine, halbe Scheiben schneiden.
3. Die Haferflocken mit der Milch, dem Apfel, der Banane, dem Zimt und Honig in eine Schüssel geben und vermischen.
4. Mit Folie abdecken und über Nacht in den Kühlschrank stellen.
5. Den Porridge in der Früh aufwärmen und in zwei Schälchen füllen.
6. Die gewaschenen Erdbeeren halbieren und damit garnieren.

TIPPS UND TRICKS:

Wenn Sie die Flocken nicht über Nacht ziehen lassen wollen, können Sie den Porridge auch kurz aufkochen und warm oder kalt genießen.

TRINK MÜSLI MIT FRÜCHTEN

einfach | 10 Minuten | 10 Minuten | 2 Portionen

ZUTATEN:

100 Gramm Erdbeeren I 100 Gramm Himbeeren I 100 Gramm Quark I 200 ml Milch I 1 TL Rohrzucker I ½ TL Zitronensaft I 4 EL Haferflocken

ZUBEREITUNG:

1. Erdbeeren und Himbeeren waschen.
2. Die Erdbeeren mit den Himbeeren, dem Magerquark, der Milch, dem Rohrzucker, dem Zitronensaft und den Haferflocken in einen Standmixer geben und sehr fein pürieren.
3. In zwei Gläser füllen und gleich genießen.

TIPPS UND TRICKS:

Dieses Trinkfrühstück ist auch ideal für Frühstücks-Muffel. In eine Flasche gefüllt, lässt sich das Trinkmüsli wunderbar mit in die Schule und den Kindergarten nehmen.

Sie können dafür immer wieder andere Früchte verwenden und neue Geschmacksrichtungen kreieren.

Zudem können Sie unter anderem Pflanzenmilch, Sojajoghurt, Kefir, Buttermilch oder andere Milch- und Milchersatzprodukte verwenden.

MITTAGESSEN

Treten Sie ein in eine facettenreiche Welt der Zutaten. Suppen, Salate, Fleisch, Fisch, vegan und vegetarisch, alles ist möglich. Auch gibt es großartige Speisen für Sie, wenn es einmal ein süßes Hauptgericht sein soll. Aus den Rezepten können Sie sich Ihr persönliches Lieblings-Menü zusammenstellen.

SUPPEN

GEMÜSEBRÜHE

Hinweis

Bei den Basis-Rezepten finden Sie die Gewürzpaste.

Für die Herstellung von 500 ml Gemüsebrühe verrühren Sie 1 TL Gewürzpaste und 500 ml heißes Wasser.

TIPPS UND TRICKS:

Suppen lassen sich schnell zaubern und sind eine großartige Mahlzeit, die nicht nur gut schmeckt, sondern auch Körper, Geist und Seele guttut. Wer krank ist, fühlt sich mit einer Suppe gleich besser und selbst wenn der Tag einmal etwas dumm gelaufen ist, kann eine warme, cremige Suppe ein super Seelentröster sein.

SUPPE MIT BUNTEN PFANNKUCHEN-STREIFEN

mittel | 35 Minuten | 35 Minuten | 2 Portionen

ZUTATEN:

2 Eier I 120 ml Milch I eine Messerspitze Kräutersalz I 2 EL Mehl I ½ TL Rote Bete Pulver I ½ TL Spinatpulver I Kokosöl zum Braten I 500 ml Gemüsebrühe I 2 TL Schnittlauchringe

ZUBEREITUNG:

1. Die Eier mit der Milch, dem Kräutersalz und dem Mehl in eine Schüssel geben und gut verrühren.
2. Ein Drittel des Teiges in eine Schüssel füllen und mit dem Rote Bete Pulver verrühren.
3. Ein Drittel des Teiges in eine Schüssel füllen und mit dem Spinatpulver verrühren.
4. Eine Pfanne mit etwas Kokosöl erhitzen und einen Pfannekuchen (ohne Spinat- oder Rote Bete Pulver) backen.
5. Danach aus den anderen Teigen einen grünen Spinatpfannkuchen und einen Rote Bete Pfannkuchen backen.
6. Die Pfannkuchen übereinanderlegen, einrollen und in 3 mm Scheiben schneiden.
7. Diese Pfannkuchen-Streifen auf zwei tiefen Tellern aufteilen.
8. Die Gemüsebrühe erhitzen und in die Suppenteller gießen.
9. Mit dem Schnittlauch bestreuen.

MÖHRENSUPPE

mit Grießklößchen

mittel | 15 Minuten | 40 Minuten | 2 Portionen

ZUTATEN:

80 Gramm Vollkorngrieß I 160 ml Sojamilch I 2 EL Hefeflocken I Kräutersalz I 1 Schalotte I 1 EL Kokosöl I 200 Gramm Möhren I 2 EL Orangensaft I 400 ml Gemüsebrühe I 100 ml Sahne I eine Prise Muskatnuss I eine Prise Nelkenpulver I etwas Orangenabrieb (Bio-Orange)

ZUBEREITUNG:

1. Den Vollkorngrieß mit der Sojamilch, den Hefeflocken und dem Kräutersalz in einen kleinen Topf geben und langsam unter ständigem Rühren erhitzen.
2. Die Masse aus dem Topf in eine Schüssel geben und auskühlen lassen.
3. Mit zwei Teelöffel (oder mit etwas feuchten Händen) aus der Masse Klößchen formen.
4. Die Schalotte schälen und fein hacken. Die Möhren schälen und in kleine Stücke schneiden.
5. Das Kokosöl in einem Topf erhitzen lassen. Die Schalotten mit den Möhren für 3 Minuten andünsten.
6. Mit dem Orangesaft ablöschen und mit der Gemüsebrühe aufgießen. Mit Kräutersalz, Muskatnuss und Nelkenpulver würzen.
7. Alles bei mittlerer Hitze für etwa 15 Minuten köcheln lassen.
8. Mit der Sahne auffüllen und mit einem Stabmixer fein pürieren.
9. Die Grießklößchen in die Suppe legen und für 5 Minuten bei geringer Hitze ziehen lassen.
10. Zum Anrichten etwas Orangenabrieb darüber reiben.

TOMATENSUPPE MIT REIS

einfach | 15 Minuten | 35 Minuten | 2 Portionen

ZUTATEN:

½ rote Zwiebel I 1 Zehe Knoblauch I 1 EL Olivenöl I 1 TL Tomatenmark I 300 Gramm stückige Tomaten I 250 ml Gemüsebrühe I 50 Gramm Reis I Kräutersalz I ½ TL Oregano getrocknet I eine Messerspitze Rohrzucker I 2 TL Parmesan gerieben zum Bestreuen

ZUBEREITUNG:

1. Die Zwiebel und den Knoblauch schälen und fein hacken.
2. Das Olivenöl in einem Topf erhitzen. Die Zwiebel mit dem Knoblauch darin hell anschwitzen.
3. Das Tomatenmark dazu geben und kurz mit anbraten.
4. Mit den Tomaten und der Gemüsebrühe aufgießen.
5. Den Reis dazu geben und den Topf mit einem Deckel zudecken. Bei mittlerer Hitze für 15 Minuten kochen lassen.
6. Mit dem Kräutersalz, dem Oregano und dem Rohrzucker abschmecken. Für 5 Minuten ohne Hitze ziehen lassen.
7. Zum Anrichten mit dem Parmesan bestreuen.

KARTOFFELSUPPE

mit knusprigen Croutons

einfach | 15 Minuten | 40 Minuten | 2 Portionen

ZUTATEN:

1 Schalotte I 2 EL Butter I 200 Gramm Kartoffeln I 30 Gramm Sellerie I 500 ml Gemüsebrühe I 1 Lorbeerblatt I Kräutersalz I etwas weißen Pfeffer I eine Prise Muskatnuss I ½ TL Rosmarin fein gehackt I optional 2 EL Schmand I 3 Scheiben Vollkorntoast I 2 TL Petersilie gehackt zum Bestreuen

ZUBEREITUNG:

1. Die Schalotte schälen und klein schneiden. Die Kartoffeln und den Sellerie schälen und in 1 cm große Stücke schneiden.
2. Etwas Butter in einem Topf erhitzen und die Schalotte darin hell andünsten lassen.
3. Die Kartoffeln und den Sellerie dazu geben. Für 3 Minuten mit braten und mit der Gemüsebrühe aufgießen.
4. Mit dem Lorbeerblatt, dem Kräutersalz, dem Pfeffer, der Muskatnuss und dem Rosmarin würzen.
5. Den Topf mit einem Deckel verschließen und alles bei mittlerer Hitze für etwa 20 Minuten kochen lassen.
6. Das Toastbrot in 1 cm große Würfel schneiden. Die restliche Butter in einer Pfanne aufschäumen und die Toastwürfel darin knusprige rundherum anbraten.
7. Die Kartoffelsuppe mit einem Stabmixer fein pürieren.
8. Die Suppe in zwei Suppenschalen anrichten. Den Schmand optional in der Mitte platzieren, mit reichlich Croutons und der Petersilie bestreuen.

TIPPS UND TRICKS:

Wenn Ihnen der Schmand zu fettig ist, können Sie diesen auch durch Saure Sahne ersetzen und ganz weglassen.

MINESTRONE

mit Fleischbällchen

mittel | 15 Minuten | 35 Minuten | 2 Portionen

ZUTATEN:

Zeit 35 Minuten

150 Gramm Hackfleisch I ½ TL Oregano getrocknet I 1 Zucchini I 50 Gramm Blumenkohl I 50 Gramm Brokkoli I 1 TL Olivenöl I 1 TL Tomatenmark I 500 ml Gemüsebrühe I 50 Gramm Mini Penne I 1 TL Italienische Kräuter getrocknet I Kräutersalz I eine Messerspitze Rohrzucker I 6 Kirschtomaten

ZUBEREITUNG:

1. Den Backofen auf 200 Grad Ober- und Unterhitze (oder 180 Grad Umluft) vorheizen.
2. Das Hackfleisch mit dem Oregano in einer Schüssel vermischen.
3. Ein Blech mit Backpapier auslegen. Mit feuchten Händen das Mett zu 3 cm großen Kugeln formen und auf das Backblech legen.
4. Auf mittlerer Schiene im Ofen für etwa 10 Minuten garen.
5. Die Zucchini waschen, trocken tupfen, der Länge nach halbieren und in 5 mm dicke Scheiben schneiden. Den Blumenkohl und den Brokkoli in kleine Röschen schneiden.
6. Das Olivenöl in einem Topf erhitzen und die Zucchini mit dem Blumenkohl, dem Brokkoli und dem Tomatenmark darin anbraten.
7. Mit der Gemüsebrühe aufgießen und aufkochen lassen.
8. Die Mini Penne dazu geben und mit den italienischen Kräutern, dem Kräutersalz und dem Rohrzucker würzen. Für 5 Minuten kochen lassen.
9. Die Tomaten waschen, halbieren und mit in die Suppe geben. Für weitere 2 Minuten köcheln lassen.
10. Die Suppe in zwei Suppentellern anrichten und die Fleischbällchen in die Minestronen legen.

MAISCREMESUPPE MIT POPCORN

einfach | 10 Minuten | 20 Minuten | 2 Portionen

ZUTATEN:

1 Schalotte I 1 Zehe Knoblauch I 1 TL Butter I 250 Gramm Mais I 400 ml Gemüsebrühe I Kräutersalz I ½ TL Thymian I 1 Handvoll Popcorn

ZUBEREITUNG:

1. Die Schalotte und den Knoblauch schälen und fein hacken.
2. Die Butter in einem Topf erhitzen und die Schalotte mit dem Knoblauch darin hell anschwitzen.
3. Den abgetropften Mais dazu geben und mit der Gemüsebrühe aufgießen. Für 10 Minuten bei mittlerer Hitze köcheln lassen.
4. Die Maissuppe mit einem Stabmixer fein pürieren.
5. Mit dem Kräutersalz und dem Thymian abschmecken.
6. Die Suppe anrichten und mit dem Popcorn bestreuen.

TIPPS UND TRICKS:

Mit 1 TL Saure Sahne können Sie die Maiscremesuppe optional nach dem Pürieren noch verfeinern.

ERBSENSUPPE

mit Würstchen

einfach | 15 Minuten | 20 Minuten | 2 Portionen

ZUTATEN:

1 Schalotte | 1 Zehe Knoblauch | 1 TL Butter | 300 Gramm Erbsen (tiefgekühlt)| 400 ml Gemüsebrühe | 100 ml Sahne | Kräutersalz | 2 Wiener Würstchen

ZUBEREITUNG:

1. Die Schalotte und den Knoblauch schälen und fein würfeln.
2. Die Butter in einem Topf aufschäumen lassen und die Schalotte mit dem Knoblauch darin hell anschwitzen.
3. Die Erbsen dazu geben und für 2 bis 3 Minuten mit andünsten lassen.
4. Mit der Gemüsebrühe aufgießen und für 5 Minuten kochen.
5. Mit der Shane verfeinern und mit Kräutersalz abschmecken.
6. Die Erbsensuppe mit einem Pürierstab fein mixen.
7. Die Wiener Würstchen abwaschen und in Scheiben schneiden. Mit in die Suppe geben und für weitere 3 Minuten darin ziehen lassen.
8. In zwei Tellern anrichten.

SALATE

SALAT MIT SELBSTGEMACHTER MAYONNAISE UND GEMÜSE

mittel 15 Minuten 25 Minuten 2 Portionen

ZUTATEN:

400 Gramm Kaisergemüse aufgetaut I 1 Liter Gemüsebrühe I 100 Gramm Joghurt I 1 Ei I 1 EL Senf I 1 EL Apfelessig I 1 TL Kräutersalz I eine kleine Prise Pfeffer I 130 ml Rapsöl I 2 EL geröstete Nüsse gehackt

ZUBEREITUNG:

1. Das Kaisergemüse mit der Gemüsebrühe in einen Topf geben, erhitzen und für 8 Minuten kochen lassen.
2. Das Gemüse mit kaltem Wasser abschrecken, in eine Schüssel geben und auskühlen lassen.
3. Den Joghurt mit dem Ei, dem Senf, dem Apfelessig, dem Kräutersalz und dem Pfeffer in ein hohes Gefäß geben und mit einem Stabmixer gut vermixen. Während dem Mixen das Rapsöl langsam einlaufen lassen, dabei den Stabmixer langsam hochziehen.
4. Die Joghurtmayonnaise zum Gemüse geben und vermischen.
5. Auf zwei Teller anrichten und mit den Nüssen bestreuen.

TIPPS UND TRICKS:

Sie könnten auch fertige Mayonnaise verwenden, jedoch auf diese Art zaubern Sie ebenso schnell köstliche Mayo selbst.

Anstatt Kaisergemüse können Sie, wenn es schnell gehen soll, zum Beispiel Erbsen und Möhren aus dem Glas verwenden. Diese schmecken im Salat ebenfalls sehr lecker.

Alternativ können Sie mit diesem Salat leckere Sandwiches zubereiten, die alle Kinder wirklich gerne mögen.

COWBOY SALAT

einfach 10 Minuten 20 Minuten 2 Portionen

ZUTATEN:

50 Gramm Linsen gekocht I 100 Gramm Kidney Bohnen I 100 Gramm Mais I ¼ Gurke I ¼ Möhre I 2 Tomaten I ¼ Avocado I 2 EL Petersilie grob gehackt I 2 EL Olivenöl I 3 EL Essig I Kräutersalz

ZUBEREITUNG:

1. Die Gurke in kleine Würfel schneiden. Die Möhre schälen und ebenfalls in feine Würfel schneiden. Die Tomaten waschen, trocken tupfen und in 5 mm kleine Würfel schneiden. Die Avocado schälen und in 1 cm große Würfel schneiden.
2. Alle Zutaten mit dem Mais, den Bohnen und den Linsen in eine Schüssel geben und gut vermischen.
3. Mit Essig, Olivenöl und Petersilie marinieren und für 10 Minuten durchziehen lassen.
4. Gegebenenfalls nochmal mit Kräutersalz abschmecken.

KNUSPRIGER BROTSALAT

mit geröstetem Speck

einfach | 15 Minuten | 25 Minuten | 2 Portionen

ZUTATEN:

100 Gramm Vollkornbrot I 2 EL Olivenöl I 120 Gramm Speck I Kräutersalz I 10 Kirschtomaten I 1 Römersalat I 2 EL Balsamico Essig I 2 EL Parmesan gerieben

ZUBEREITUNG:

1. Den Backofen auf 200 Grad Ober- und Unterhitze (oder 180 Grad Umluft) vorheizen.
2. Das Brot in 2 cm große Stücke schneiden und in eine Schüssel geben. Mit dem Olivenöl beträufeln und gut durchmischen. Die Brotwürfel auf ein mit Backpapier ausgelegtes Backblech legen und für etwa 8 Minuten im Ofen knusprig backen.
3. Den Speck in Streifen schneiden und in eine Pfanne geben. Die Pfanne erhitzen und den Speck auslassen. Solange ohne zusätzliches Fett braten, bis er schön knusprig ist.
4. Die Tomaten waschen, trocknen und halbieren.
5. Den Römersalat in 1 cm lange Streifen schneiden, waschen und trockenschleudern.
6. Die Brotwürfel mit den Tomaten, dem Römersalat und dem Speck in eine Schüssel geben. Mit dem Balsamico Essig und dem Kräutersalz würzen.
7. Zum Anrichten mit dem Parmesan bestreuen.

ROTE BETE MIT ERDBEEREN

einfach | 10 Minuten | 10 Minuten | 2 Portionen

ZUTATEN:

100 Gramm Rote Bete gekocht I 250 Gramm Erdbeeren I 3 EL Joghurt I 1 TL Orangensaft I 2 EL Kokosöl I Kräutersalz I 1 EL Minze in Streifen geschnitten (optional)

ZUBEREITUNG:

1. Die Rote Bete schälen und in kleine Würfel schneiden, dabei Einmalhandschuhe verwenden, denn das Gemüse färbt sehr stark ab.
2. Die Erdbeeren waschen, trocken tupfen und vierteln.
3. Den Joghurt mit dem Orangensaft, dem Kokosöl und etwas Kräutersalz in einer Schüssel verrühren.
4. Die Rote Bete und die Erdbeeren dazu geben, vermischen und für 5 Minuten durchziehen lassen.
5. Auf zwei Teller anrichten und optional mit der Minze bestreuen.

TIPPS UND TRICKS:

Rote Bete ist meist bei Kindern eher unbeliebt. Nach diesem Salat sind aber alle ganz verrückt. Durch die Beeren verlieren die Rote Bete den erdigen Geschmack und im Vordergrund bleibt die großartige Farbe.

MÖHRENSALAT

mit Walnüssen

einfach	15 Minuten	20 Minuten	2 Portionen

ZUTATEN:

250 Gramm Möhren I 1 Schalotte I 100 ml Orangesaft I 2 EL Zitronensaft I 1 EL Honig I 2 EL Olivenöl I Kräutersalz I 1 EL Petersilie gehackt I 100 Gramm geröstete Walnüsse gehackt

ZUBEREITUNG:

1. Die Möhren schälen und grob raspeln. Die Schalotte schälen und in feine Würfel schneiden.
2. Die Möhren mit der Schalotte, dem Orangensaft, dem Zitronensaft, dem Honig, dem Olivenöl, dem Kräutersalz, der Petersilie und die Hälfte der Walnüsse in eine Schüssel geben und gut vermischen. Den Möhrensalat für 5 Minuten durchziehen lassen.
3. Zum Anrichten mit den restlichen Walnüssen bestreuen.

MITTAGESSEN MIT FLEISCH

SPAGHETTI IN DER WURST

mittel | 20 Minuten | 30 Minuten | 2 Portionen

ZUTATEN:

3 Wiener Würstchen I 120 Gramm Spaghetti I 1 rote Zwiebel I 1 Zehe Knoblauch I 1 TL Olivenöl I 1 TL Tomatenmark I 250 Gramm passierte Tomaten I 100 ml Gemüsebrühe I 1 TL Oregano I Kräutersalz I ½ TL Rohrzucker

ZUBEREITUNG:

1. Die Wiener Würstchen waschen, trocken tupfen und in 3 cm lange Stücke schneiden.
2. Die rohen Spaghetti durch die Wurststücke stecken. Sie sollen an beiden Seiten gleich lang aus der Wurst herausragen.
3. Die Zwiebel und den Knoblauch schälen und klein schneiden.
4. Das Olivenöl in einem flachen, breiten Topf erhitzen. Die Zwiebel mit dem Knoblauch und dem Tomatenmark darin anrösten.
5. Mit den passierten Tomaten und der Gemüsebrühe aufgießen und mit Oregano, Kräutersalz und Rohrzucker würzen.
6. Die Spaghetti-Würste vorsichtig hineinlegen. Den Topf mit einem Deckel verschließen und alles bei mittlerer Hitze für 10 Minuten garen lassen.
7. Die Spaghetti in der Wurst vorsichtig aus der Pfanne nehmen und auf zwei Teller verteilen.
8. Die Tomatensauce mit einem Stabmixer pürieren und über die Spaghetti gießen.

PUTENROULADE MIT GRÜNEM SPARGEL

mittel | 20 Minuten | 30 Minuten | 2 Portionen (ohne Beilagen)

ZUTATEN:

2 Putenschnitzel á 120 Gramm I Kräutersalz I 2 EL Frischkäse I ½ TL Zitronensaft I 1 TL Petersilie gehackt I 6 Stangen grüner Spargel I 1 TL Kokosöl I 1 Zweig Thymian I 2 TL Kräuterbutter

ZUBEREITUNG:

1. Die Putenschnitzel plattieren und mit dem Kräutersalz würzen.
2. Den Frischkäse mit dem Zitronensaft und der Petersilie verrühren.
3. Die Putenschnitzel mit dem Frischkäse einstreichen.
4. Den Spargel bis zu den Spitzen schälen und das untere holzige Drittel wegschneiden.
5. Je drei Stück Spargel auf die Schnitzel legen und das Fleisch einrollen. Die Rouladen gegebenenfalls mit einem Zahnstocher fixeren.
6. Eine Pfanne mit dem Kokosöl erhitzen und die Rouladen mit dem Thymianzweig reinlegen. Die Rollen rundherum goldbraun anbraten.
7. Die Kräuterbutter dazu geben und die Pfanne mit einem Deckel verschließen und das Fleisch bei geringer Hitze für etwa 8 Minuten garen lassen.
8. Die Putenrouladen anrichten und mit etwas Kräuterbutter übergießen.

TIPPS UND TRICKS:

Zum Fleisch passen sowohl Nudeln, Reis, Kartoffeln, aber auch Pommes oder Püree.

HÜHNERNUGGETS

in Müsli paniert

mittel | 15 Minuten | 20 Minuten | 2 Portionen (ohne Beilagen)

ZUTATEN:

300 Gramm Hühnerbrust ohne Haut I Kräutersalz I 2 Eier I 1 EL Sahne I 2 EL Mehl I ½ TL Majoran I 100 Gramm Müsli (ohne Früchte) I Kokosöl zum Frittieren

ZUBEREITUNG:

1. Die Hühnerbrust waschen trocken tupfen und in 30 Gramm große Stücke scheiden. Mit etwas Kräutersalz würzen.
2. Die Eier mit der Sahne, dem Mehl und dem Majoran in eine Schüssel geben und gut verrühren.
3. Die Nuggets durchs Ei ziehen und im Müsli wenden. Das Müsli mit den Händen gut andrücken.
4. Das Kokosöl auf 165 bis 170 Grad erhitzen und die Nuggets darin für etwa 3 Minuten backen.
5. Herausnehmen und auf einem Küchenpapier das überschüssige Fett abtropfen lassen.

TIPPS UND TRICKS:

Pommes schmecken Kindern zu den Nuggets am besten, aber auch Bratkartoffeln, Wedges und ein kleiner Salat.

ONE POT RAGOUT MIT RINDFLEISCH

einfach | 20 Minuten | 50 Minuten | 2 Portionen

ZUTATEN:

250 Gramm Rindfleisch für Gulasch I 1 EL Kokosöl I 1 rote Zwiebel I 1 Möhre I 300 Gramm Kartoffeln I 1 TL Tomatenmark I ½ TL Paprikapulver mild I 300 ml Gemüsebrühe I 1 TL italienische Kräuter I 1 EL Gewürzpaste I 2 EL Saure Sahne I 1 TL Mehl I 2 EL Petersilie gehackt

ZUBEREITUNG:

1. Das Rindfleisch waschen, trocken tupfen und in 2 cm große Würfel schneiden.
2. Das Kokosöl in einem Topf erhitzen und das Rindfleisch darin scharf anbraten.
3. Die Zwiebel schälen und klein schneiden. Die Möhre und die Kartoffeln schälen und in 2 cm große Würfel schneiden.
4. Die Zwiebel, die Möhre, die Kartoffeln, das Tomatenmark und das Paprikapulver zum Fleisch geben und leicht mitrösten.
5. Mit der Gemüsebrühe aufgießen.
6. Mit den italienischen Kräutern und der Gewürzpaste würzen. Den Topf mit einem Deckel verschließen und alles bei mittlerer Hitze für 30 Minuten garen lassen.
7. Die Saure Sahne mit dem Mehl verrühren und in das Ragout gießen und verrühren.
8. Zum Anrichten mit der Petersilie bestreuen.

TIPPS UND TRICKS:

Nudeln, Kartoffeln oder Reis passen als Beilage, obwohl das Ragout auch wunderbar pur oder nur mit einem Stück Brot gegessen werden kann.

MAULTASCHEN

aufwendig | 20 Minuten | 60 Minuten | 2 Portionen

ZUTATEN:

100 Gramm Mehl I 1 EL Vollkorngrieß I 2 Eier I 1 altes Brötchen I 200 Gramm Hackfleisch I ½ TL Majoran I eine Messerspitze Kreuzkümmel gemahlen I Kräutersalz I 500 ml Gemüsebrühe

ZUBEREITUNG:

1. Das Mehl mit dem Vollkorngrieß und einem Ei zu einem Teig verkneten.
2. Den Teig in Folie wickeln und für 30 Minuten in den Kühlschrank stellen.
3. Das Brötchen in etwas Milch einweichen, mit den Händen ausdrücken und mit dem Hackfleisch, einem Ei, dem Majoran, dem Kreuzkümmel und dem Kräutersalz in eine Schüssel geben und gut vermischen.
4. Den Teig aus dem Kühlschrank nehmen und mit einer Nudelmaschine oder mit dem Nudelholz dünn ausrollen.
5. Die Hackmasse in der Mitte des Teiges platzieren.
6. Den Teig einschlagen und die Füllung verstecken.
7. Mit einem Kochlöffel alle 5 cm den Teig abtrennen und mit einem Messer durchschneiden.
8. Die Gemüsebrühe erhitzen und die Maultaschen bei geringer Hitze darin für 10 Minuten garen lassen.
9. Die Suppe mit den Maultaschen anrichten.

HACKFLEISCH EINTOPF

einfach | 10 Minuten | 30 Minuten | 2 Portionen

ZUTATEN:

1 rote Zwiebel I 1 Zehe Knoblauch I 1 EL Kokosöl I 250 Gramm Hackfleisch I 150 Gramm Hokkaido Kürbis I 150 Gramm Süßkartoffeln I 200 ml Gemüsebrühe I 200 ml Sahne I 1 EL Gewürzpaste I eine Messerspitze Zimt gemahlen I eine Prise Muskatnuss I 2 TL Petersilie gehackt

ZUBEREITUNG:

1. Die Zwiebel und den Knoblauch schälen und klein schneiden.
2. Den Kürbis und die Süßkartoffeln schälen und in 2 cm große Würfel schneiden.
3. Das Kokosöl in einem Topf erhitzen und die Zwiebel mit dem Knoblauch darin anbraten.
4. Das Hackfleisch dazu geben und goldbraun anrösten lassen.
5. Den Hokkaido Kürbis und die Süßkartoffeln dazu geben. Mit der Gemüsebrühe und der Sahne aufgießen.
6. Mit der Gewürzpaste, dem Zimt und der Muskatnuss würzen. Bei mittlerer Hitze für 20 Minuten köcheln lassen.
7. Zum Anrichten mit der Petersilie bestreuen.

MITTAGESSEN MIT FISCH

FISCHFILET IN TOMATENSAUCE

einfach | 20 Minuten | 30 Minuten | 2 Portionen

ZUTATEN:

1 rote Zwiebel I ½ Möhre I ½ Stange Stangensellerie I 300 Gramm Tomaten I 1 TL Oregano I 1 EL Gewürzpaste I 1 TL Honig I 280 Gramm Barschfilet ohne Haut I Kräutersalz I etwas Butter zum Einfetten der Auflaufform (ca.30x15 cm)

ZUBEREITUNG:

1. Die Zwiebel schälen und klein schneiden. Die Möhre schälen und in 5 mm kleine Würfel schneiden. Den Stangensellerie in dünne Streifen schneiden. Die Tomaten waschen, trocken tupfen, den Strunk entfernen und in kleine Stücke schneiden.
2. Backofen auf 200 Grad Ober- und Unterhitze (oder 180 Grad Umluft) vorheizen.
3. Die Zwiebel mit der Möhre, dem Stangensellerie, den Tomaten, dem Oregano, der Gewürzpaste und mit dem Honig in eine Auflaufform geben und gut vermischen.
4. Die Barschfilets waschen, trocken tupfen und mit Kräutersalz würzen.
5. Die Fischfilets auf die Tomaten legen und in den vorgeheizten Backofen schieben und für 12 Minuten garen.

THUNFISCH

mit Reis und Brokkoli

einfach | 20 Minuten | 25 Minuten | 2 Portionen

ZUTATEN:

½ Tasse Reis I 1 Tasse Wasser I 1 Schalotte I 150 Gramm Brokkoli I 1 EL Olivenöl I 1 Dose Thunfisch im eigenen Saft I 100 ml Saure Sahne I 1 TL Rosmarin fein gehackt I Kräutersalz

ZUBEREITUNG:

1. Den Reis mit dem Wasser in einen kleinen Topf geben mit einem Deckel verschließen und erhitzen. Den Reis bei geringer Hitze für 15 Minuten ziehen lassen.
2. Die Schalotte schälen und fein würfeln. Den Brokkoli in kleine Röschen schneiden.
3. Das Olivenöl in einer Pfanne erhitzen. Die Schalotte mit dem Brokkoli darin anbraten.
4. Den Thunfisch abgießen und ebenfalls mitbraten.
5. Den gekochten Reis dazu geben und alles gut durchmischen. Die Saure Sahne einrühren.
6. Mit Rosmarin und Kräutersalz würzen und abschmecken.

CORNFLAKES FISCH FINGER

aufwendig | 25 Minuten | 25 Minuten | 2 Portionen

ZUTATEN:

280 Gramm Seelachsfilet I etwas Zitronensaft I Kräutersalz I 3 EL Mehl I 2 Eier I 2 EL Milch I 100 Gramm Cornflakes ohne Zuckerzusatz I Kokosöl zum Frittieren I 2 EL Joghurt-Mayonnaise I etwas Zitronenabrieb

ZUBEREITUNG:

1. Den Seelachs waschen, trocken tupfen und in 1 cm x 5 cm große Stücke schneiden. Mit Zitronensaft und Kräutersalz würzen.
2. Die Eier mit der Milch verquirlen.
3. Die Cornflakes mit den Händen grob zerdrücken.
4. Die Fischstücke im Mehl wenden, durch das Ei ziehen und in den Cornflakes wälzen. Die Cornflakes mit den Händen leicht andrücken.
5. Das Kokosöl auf 170 Grad erhitzen und die Fischfinger darin für 4 Minuten herausbacken. Aus dem Kokosöl fischen und auf einem Küchentuch abtropfen lassen.
6. Die Joghurt-Mayonnaise mit dem Zitronenabrieb verrühren und als Dip dazu geben.

TIPPS UND TRICKS:

Der Fisch kann alternativ in der Heißluftfritteuse frittiert werden.

Als Beilage passen hervorragend Kartoffeln oder Reis und Salat dazu.

PIKANTE PFANNKUCHEN PIZZA

einfach	15 Minuten	25 Minuten	2 Portionen

ZUTATEN:

100 Gramm Brokkoli | ¼ rote Paprika | 80 Gramm Champignons | 1 EL Kokosöl | 2 Tomaten | 20 Gramm Blattspinat | 150 ml Milch | 2 Eier | 3 EL Mehl | Salz | etwas Pfeffer | 1 TL italienische Gewürze | 80 Gramm geriebenen Käse

ZUBEREITUNG:

1. Den Brokkoli in kleine Röschen schneiden, waschen und trocknen. Die Paprika schälen und in 1 cm große Würfel schneiden. Die Champignons putzen und in Scheiben schneiden.
2. Das Kokosöl in einer Pfanne erhitzen und den Brokkoli mit der Paprika und den Champignons darin anschwitzen.
3. Die Tomaten waschen, trocken tupfen, den Strunk entfernen und in kleine Würfel schneiden. Den Blattspinat waschen und trockenschleudern.
4. Die Milch mit den Eiern, dem Mehl, Salz, Pfeffer und mit den italienischen Kräutern in einer Schüssel glattrühren.
5. Die Tomaten und den Blattspinat mit in die Pfanne geben und mit dem Pfannkuchenteig übergießen. Mit einem Deckel verschließen und bei geringer Hitze für 5 Minuten stocken lassen.
6. Den Pfannkuchen wenden und mit Käse bestreuen. Noch etwas italienische Kräuter auf dem Käse verteilen.
7. Backofen auf 200 Grad Ober- und Unterhitze (oder 180 Grad Umluft) vorheizen und für 5 bis 7 Minuten backen, bis der Käse leicht braun wird.
8. Aus dem Ofen nehmen und in Spalten schneiden.

TIPPS UND TRICKS:

Die Pfannkuchen Pizza schmeckt warm und kalt.

GEFÜLLTE KARTOFFELN

mittel | 30 Minuten | 45 Minuten | 2 Portionen

ZUTATEN:

2 mittlere Kartoffeln I 50 Gramm Zucchini I 50 Gramm Aubergine I ¼ rote Paprika I ½ rote Zwiebel I 1 Zehe Knoblauch I 1 TL Kokosöl I 3 EL Frischkäse I ½ TL Rosmarin fein gehackt I Salz I etwas Pfeffer I 1 EL Petersilie gehackt I 40 Gramm Schafskäse

ZUBEREITUNG:

1. Die Kartoffeln gut waschen und weichkochen. Die Kartoffeln mit kaltem Wasser abschrecken, der Länge nach halbieren und mit einem Kugelausstecher vorsichtig aushöhlen.
2. Die Zucchini waschen, trocken tupfen und in kleine Würfel schneiden. Die Aubergine schälen und ebenfalls in kleine Würfel schneiden. Die Paprika in feine Würfel schneiden. Zwiebel und Knoblauch schälen und fein hacken.
3. Das Kokosöl in einer Pfanne erhitzen und die Zucchini, die Aubergine, die Paprika, die Zwiebel und den Knoblauch darin anbraten lassen.
4. Den Frischkäse und den Rosmarin einrühren und mit Salz, Pfeffer und der Petersilie würzen. Die ausgehöhlten Kartoffelabschnitte klein hacken und untermischen.
5. Das Gemüse zurück in die Kartoffel füllen, in eine Auflaufform legen und den Schafskäse darüber bröseln.
6. Backofen auf 200 Grad Ober- und Unterhitze (oder 180 Grad Umluft) vorheizen. Die Kartoffeln auf oberer Schiene für 5 Minuten überbacken.

KÜRBIS-BLUMENKOHL-KARTOFFEL

Gemüse aus dem Ofen

einfach | 15 Minuten | 50 Minuten | 2 Portionen

ZUTATEN:

100 Gramm Kartoffeln I 200 Gramm Kürbis I 200 Gramm Blumenkohl I 100 Gramm Champignons (optional)I 1 EL Kokosöl I Salz I 1 TL Thymian I 1 Messerspitze Zimt gemahlen I 1 TL mildes Currypulver I 150 Gramm Joghurt I 1 TL Zitronensaft I 2 EL Petersilie gehackt I 2 EL Granatapfelkerne

ZUBEREITUNG:

1. Die Kartoffeln waschen, schälen und in dünne Spalten schneiden. Den Kürbis schälen, entkernen und in 3 cm große Würfel schneiden. Den Blumenkohl in 3 cm kleine Röschen schneiden, waschen und trocknen. Die Champignons putzen.
2. Die Kartoffeln mit dem Kürbis, dem Blumenkohl, dem Kokosöl, dem Salz, dem Thymian, dem Zimt und dem Currypulver in eine Schüssel geben und vermischen.
3. Backofen auf 170 Grad Ober- und Unterhitze (oder 150 Grad Umluft) vorheizen. Das Gemüse auf ein mit Backpapier ausgelegtes Backblech geben und auf mittlerer Schiene für 30 bis 35 Minuten garen lassen.
4. Aus dem Ofen nehmen und auf zwei Teller verteilen.
5. Den Joghurt mit dem Zitronensaft, einer Prise Salz und der Petersilie verrühren und mit einem Löffel über das Gemüse nappieren. Mit den Granatapfelkernen garnieren.

CREMIGE GEMÜSE NUDELN

einfach | 15 Minuten | 25 Minuten | 2 Portionen

ZUTATEN:

160 Gramm Penne | 1 Schalotte | ½ Möhre | 1 EL Rapsöl | 80 Gramm Kaiserschoten | 80 Gramm Schwarzwurzeln (frisch oder aufgetaut) | 40 Gramm Brokkoli Röschen (optional) | 200 ml Gemüsebrühe | 150 ml Hafersahne | Salz | eine kleine Prise Pfeffer | eine kleine Prise Muskatnuss | eine Prise Koriander gemahlen | 1 EL Wasser | 1 TL Maismehl | etwas Schnittlauchringe zum Bestreuen

ZUBEREITUNG:

1. Die Penne laut Packungsanweisung in reichlich Salzwasser bissfest kochen und abseihen.
2. Die Schalotte schälen und klein schneiden. Die Möhre schälen und in feine Würfel schneiden. Die Kaiserschoten putzen und in Rauten schneiden.
3. Das Rapsöl in einer Pfanne erhitzen und die Schalotte mit den Möhren darin andünsten lassen.
4. Die Kaiserschoten, die Schwarzwurzeln und optional den Brokkoli dazu geben. Mit der Gemüsebrühe und der Hafersahne aufgießen und für 6 Minuten weiter kochen lassen. Mit Salz, Pfeffer, Muskatnuss und Koriander würzen und abschmecken. Die Penne in die Pfanne geben.
5. Das Wasser mit dem Maismehl verrühren und einrühren, um damit die Sauce zu binden. Für eine Minuten aufkochen lassen.
6. Zum Anrichten mit dem Schnittlauch bestreuen.

GEMÜSEWAFFELN

einfach | 15 Minuten | 20 Minuten | 2 Portionen

ZUTATEN:

80 Gramm Möhren | 80 Gramm Brokkoli | 50 Gramm Zucchini | ½ Zehe Knoblauch gerieben | 120 ml Buttermilch | 2 Eier | 4 EL Mehl | eine Messerspitze Weinstein Backpulver | etwas Salz | eine Prise Muskatnuss | ½ TL Majoran | 2 EL Petersilie fein gehackt | etwas Butter fürs Waffeleisen | Saure Sahne zum Dippen

ZUBEREITUNG:

1. Die Möhre schälen und fein reiben. Den Brokkoli waschen, trocknen und in klein hacken. Die Zucchini waschen, trocken tupfen, raspeln und in einem Küchentuch das Wasser auspressen.
2. Die Buttermilch mit den Eiern, dem Mehl, dem Weinstein Backpulver, dem Salz, der Muskatnuss, dem Majoran und mit der Petersilie in einer Schüssel zu einem dickflüssigen Teig verrühren. Den Teig für 5 Minuten quellen lassen.
3. Das Gemüse und den Knoblauch dazu geben. Das Waffeleisen vorheizen und die Waffel darin goldbraun backen.
4. Die Waffeln in Stücke schneiden und die Saure Sahne als Dip in Schälchen dazu geben.

OFFENER ÜBERBACKENER

Toast Hawaii

einfach | 15 Minuten | 20 Minuten | 2 Portionen

ZUTATEN:

2 Scheiben Sandwichtoast I 2 große Scheiben veganer Schinken I 2 Scheiben Ananas frisch I 4 Scheiben Emmentaler I 2 TL Preiselbeeren

ZUBEREITUNG:

1. Backofen auf 200 Grad Ober- und Unterhitze (oder 180 Grad Umluft) vorheizen.
2. Die Toastscheiben leicht vortoasten und auf ein mit Backpapier ausgelegtes Backblech legen.
3. Mit dem veganen Schinken und der Ananas belegen. Mit dem Emmentaler bedecken.
4. Die Toasts auf oberer Schiene für 6 bis 8 Minuten überbacken lassen.
5. Zum Anrichten die Preiselbeer Konfitüre in das Ananasloch geben.

GRATINIERTER TOFU

mit Tomate und Käse

einfach | 15 Minuten | 20 Minuten | 2 Portionen

ZUTATEN:

2 Scheiben geräucherter Tofu á 100 Gramm I 2 TL Gemüsebrühe I 3 EL Mehl I 1 EL Kokosöl I 1 Tomate I 6 Blätter Basilikum I 60 Gramm Gouda I etwas Oregano getrocknet

ZUBEREITUNG:

1. Den Tofu mit der Gemüsebrühe einpinseln und im Mehl wenden.
2. Das Kokosöl in einer Pfanne erhitzen und die Tofu-Scheiben für eine Minute je Seite scharf anbraten.
3. Den Backofen auf Grillfunktion einschalten.
4. Ein Backblech mit Backpapier auslegen. Den Tofu auf das Backblech legen.
5. Die Tomate waschen, trocknen, den Strunk entfernen und in dünne Scheiben schneiden.
6. Den Tofu mit den Tomatenscheiben belegen. Die Basilikumblätter auf die Tomaten legen und mit dem Gouda abschließen.
7. Mit dem Oregano bestreuen und auf oberster Schiene für 4 Minuten gratinieren lassen.

TIPPS UND TRICKS:

Sie können auch andere Käsesorten zum Gratinieren verwenden.

RAVIOLI MIT FRISCHKÄSE

aufwendig | 15 Minuten | 45 Minuten | 20 Stück (2 Portionen)

ZUTATEN:

180 Gramm Mehl I 2 Eier I 100 Gramm Frischkäse I 1 EL Petersilie fein gehackt I Kräutersalz I eine Messerspitze Zitronenabrieb (Bio-Zitrone) I 2 EL Butter I etwas gehobelter Parmesan vegetarisch (ohne tierisches Lab) I 1 Eiweiß

ZUBEREITUNG:

1. Das Mehl mit den Eiern zu einem Nudelteig kneten, in Folie wickeln und für 30 Minuten im Kühlschrank ruhen lassen.
2. Den Teig halbieren und beide Teile einzeln durch eine Nudelmaschine oder mit dem Nudelholz zu einem hauchdünnen Teig ausrollen.
3. Den Frischkäse mit der Petersilie, Kräutersalz und Zitronenabrieb glattrühren.
4. Alle 10 cm einen Teelöffel der Masse in die Mitte einer Teigplatte geben.
5. Rund um den Frischkäse etwas Eiweiß streichen.
6. Mit der zweiten Teigplatte bedecken und mit einem Ravioliausstecher ausstechen.
7. Den Topf in reichlich Salzwasser erhitzen und die Ravioli für 3 Minuten kochen lassen.
8. Die Butter in einer Pfanne erhitzen.
9. Die Ravioli aus dem Wasser direkt in die Pfanne geben und die Ravioli vorsichtig in der Butter durchschwenken.
10. Zum Anrichten mit dem Parmesan verfeinern.

TIPPS UND TRICKS:

Der fertige Teig darf nicht an den Händen kleben bleiben - wenn zu klebrig, noch Mehl dazu geben.

Zum Ausstechen können Sie Ravioliausstecher, Raviolibretter, Risoliformen oder auch ein einfaches Glas (Durchmesser ca. 5 cm) verwenden.

BUNTER GEMÜSEREIS

einfach | 25 Minuten | 25 Minuten | 2 Portionen

ZUTATEN:

1 Tasse Reis I 2 Tassen Gemüsebrühe I 1 TL Kurkuma I 80 Gramm Brokkoli I 1 TL Butter I 80 Gramm Zucchini I 80 Gramm Mais (oder Erbsen) I 100 ml Kokosmilch I Kräutersalz I ½ TL Majoran I ein wenig frischen Koriander gehackt zum Bestreuen

ZUBEREITUNG:

1. Den Reis mit der Gemüsebrühe und dem Kurkuma im Reiskocher garen. Es funktioniert auch simpel im Topf.
2. Den Brokkoli in kleine Röschen schneiden. Die Zucchini waschen, trocken tupfen und in 1 cm große Würfel schneiden.
3. Eine Pfanne mit der Butter erhitzen und den Brokkoli darin leicht anbraten.
4. Die Zucchini und den Mais (oder die Erbsen) dazu geben und mit der Kokosmilch aufgießen.
5. Den gekochten Reis untermischen und mit Kräutersalz und Majoran würzen.
6. Zum Anrichten mit dem Koriander bestreuen.

BUNTE BRATNUDELN

einfach | 15 Minuten | 20 Minuten | 2 Portionen

ZUTATEN:

100 Gramm Spaghetti I ½ rote Zwiebel I 1 EL Kokosöl I ½ Möhre I 100 Gramm Zuckerschoten I 100 Gramm Champignons I 2 EL Gemüsebrühe I 2 EL Erdnüsse geröstet I gehackte Petersilie

ZUBEREITUNG:

1. Die Spaghetti wie gewohnt kochen (nach Packungsanweisung).
2. Die Zwiebel schälen und in feine Streifen schneiden. Die Möhre schälen und ebenfalls in feine Streifen schneiden. Die Zuckerschoten in Rauten schneiden. Die Champignons putzen und in Scheiben schneiden.
3. Die Zwiebel mit der Möhre im heißen Kokosöl anbraten.
4. Die Zuckerschoten und die Champignons dazu geben und mitbraten.
5. Die Nudeln und die Erdnüsse untermischen und mit der Gemüsebrühe würzen.
6. Zum Anrichten mit der Petersilie bestreuen.

TIPPS UND TRICKS:

Sie können für die Bratnudeln jedes Gemüse verwenden, das Ihr Kind gerne isst.

Zur Abwechslung können Sie statt Spaghetti auch andere Teigwaren nach Lust und Laune verwenden – zum Beispiel Penne, Spiralnudeln (Fusilli) oder Hörnchen.

ZOODLES MIT RAHMSAUCE

aufwendig | 15 Minuten | 20 Minuten | 2 Portionen

ZUTATEN:

300 Gramm Zucchini I 1 Schalotte I 2 EL Butter I 1 TL Mehl I 1 EL Zitronensaft I 150 ml Gemüsebrühe I 100 ml Sahne I eine Prise Kreuzkümmel gemahlen I Kräutersalz I eine kleine Prise Pfeffer I eine kleine Prise Muskatnuss I Schnittlauchringe zum Bestreuen

ZUBEREITUNG:

1. Die Zucchini waschen, trocken tupfen und mit einem Spiralschneiden zu langen Spaghetti schneiden. Die Schalotte schälen und klein schneiden.
2. Eine Pfanne mit einem Esslöffel Butter erhitzen und die Zucchini darin für 2 Minuten anbraten lassen.
3. Die restliche Butter in einem kleinen Topf erhitzen und die Schalotte darin hell anschwitzen.
4. Das Mehl dazu geben und mit einem Schneebesen verrühren, bis sich das Mehl mit der Butter verbunden hat.
5. Mit dem Zitronensaft, der Gemüsebrühe und der Sahne aufgießen und mit dem Schneebesen erneut gut durchrühren.
6. Mit dem Kreuzkümmel, dem Kräutersalz, dem Pfeffer und der Muskatnuss würzen. Die Rahmsauce für 3 Minuten unter ständigem Rühren aufkochen lassen.
7. Die Zucchini dazu geben, durchmischen und anrichten.
8. Mit dem Schnittlauch bestreuen.

TIPPS UND TRICKS:

Als gesunde und frische Alternative zur geliebten Pasta, kommen Gemüsenudeln (zum Beispiel aus Zucchini, Möhren, Kürbis, etc.) ins Spiel. Hierfür brauchen Sie einen Spiralschneider. Diesen gibt es mit Hand oder elektrisch betrieben.

MITTAGESSEN VEGAN

NUDELN MIT LINSEN BOLOGNESE

einfach | 20 Minuten | 25 Minuten | 2 Portionen

ZUTATEN:

140 Gramm Vollkorn Spaghetti | 1 Schalotte | ½ Möhre | 50 Gramm Petersilienwurzel | 1 TL Olivenöl | 1 TL Tomatenmark | 80 Gramm rote Linsen | 250 Gramm passierte Tomaten | 1 TL Oregano getrocknet | ½ TL Basilikum getrocknet | ½ TL Ahornsirup | Kräutersalz

ZUBEREITUNG:

1. Die Spaghetti laut Packungsanweisung in reichlich Salzwasser kochen.
2. Die Nudeln abseihen und eine ½ Tasse des Kochwassers auffangen und beiseitestellen.
3. Die Schalotte schälen und klein schneiden. Die Möhre und die Petersilienwurzel schälen und in 5 mm kleine Würfel schneiden oder raspeln.
4. Das Olivenöl in einem Topf erhitzen und die Schalotte mit der Möhre und der Petersilienwurzel darin anbraten.
5. Das Tomatenmark dazu geben und mitbraten.
6. Die roten Linsen, die passierten Tomaten und das beiseite gestellte Kochwasser in den Topf geben. Mit dem Oregano, dem Basilikum, dem Ahornsirup und dem Kräutersalz würzen.
7. Die Linsenbolognese bei mittlerer Hitze für 15 Minuten kochen lassen.
8. Die Spaghetti in tiefen Tellern anrichten und mit der Linsenbolognese bedecken.

BUNTES OFENGEMÜSE - ONE TRAY

einfach	10 Minuten	40 Minuten	2 Portionen

ZUTATEN:

1 Möhre I 1 gelbe Möhre I 1 Pastinake I 100 Gramm Blumenkohl I 200 Gramm Kartoffeln I 2 Zweige Rosmarin I 3 EL Olivenöl I Kräutersalz I 100 Gramm vegane Saure Sahne

ZUBEREITUNG:

1. Backofen auf 200 Grad Ober- und Unterhitze (oder 180 Grad Umluft) vorheizen.
2. Die Möhren schälen und der Länge nach vierteln oder gegebenenfalls auch sechsteln. Die Pastinake schälen und in Spalten schneiden. Den Blumenkohl in 4 cm große Röschen schneiden. Die Kartoffeln schälen und in Spalten schneiden.
3. Das Gemüse auf einem mit Backpapier ausgelegtem Backblech verteilen.
4. Den Rosmarin grob schneiden und auf dem Gemüse verteilen. Großzügig mit dem Olivenöl beträufeln.
5. Das Gemüse auf mittlerer Schiene für 30 Minuten garen.
6. Aus dem Ofen nehmen und mit dem Kräutersalz würzen.
7. Anrichten und die vegane Saure Sahne als Dip dazu geben.

TIPPS UND TRICKS:

Sie können das Gemüse nach Belieben wählen und verschiedene Varianten ausprobieren.

BUNTES RAHMGEMÜSE

einfach | 12 Minuten | 20 Minuten | 2 Portionen

ZUTATEN:

100 Gramm Schwarzwurzeln (frisch oder aufgetaut) | 100 Gramm Erbsen | 10 Gramm Brokkoli | 100 Gramm Romanesco | 150 ml Gemüsebrühe | 150 ml Hafersahne | eine Prise Kreuzkümmel gemahlen | eine Prise Fenchelsamen gemahlen | Kräutersalz | 1 TL Mehl | 2 EL Wasser

ZUBEREITUNG:

1. Die Schwarzwurzeln in 3 cm lange Stücke schneiden. Den Brokkoli und den Romanesco in mundgerechte Röschen schneiden.
2. Die Schwarzwurzeln mit den Erbsen, dem Brokkoli, dem Romanesco, der Gemüsebrühe, der Hafersahne, dem Kreuzkümmel, den Fenchelsamen und mit dem Kräutersalz in einen Topf geben und langsam erhitzen.
3. Das Rahmgemüse bei mittlerer Hitze für 8 Minuten garen lassen.
4. Das Mehl mit dem Wasser verrühren. In den Topf gießen und das Gemüse damit abbinden.
5. Noch kurz köcheln lassen und anrichten.

TIPPS UND TRICKS:

Statt Romanesco können Sie auch weißen Blumenkohl verwenden.

Romanesco ist eine aus Italien stammende Blumenkohlsorte. Anders als beim weißen Blumenkohl, sind die Röschen nicht von Blättern umhüllt, daher ständig der Sonne ausgesetzt und deshalb die grüne Farbe.

LINSEN-FRIKADELLEN

mit Möhrengemüse

mittel | 35 Minuten | 55 Minuten | 2 Portionen

ZUTATEN:

100 Gramm Rote Linsen | 1 Kartoffel | 3 EL Maismehl | 1 EL Leinsamen geschrotet | eine Prise Kreuzkümmel gemahlen | 1 TL Majoran | Kräutersalz | 2 EL Kokosöl | 100 Gramm Möhren | 100 Gramm Urmöhre | 1 TL Thymian

ZUBEREITUNG:

1. Die roten Linsen in einen Topf mit reichlich Wasser für 15 Minuten weichkochen. Danach abgießen und auskühlen lassen.
2. Die Kartoffel schälen und fein reiben.
3. Die Linsen mit der Kartoffel, dem Maismehl, den Leinsamen, dem Kreuzkümmel, dem Majoran und dem Kräutersalz in eine Schüssel geben und gut vermischen. Die Masse für 15 Minuten ruhen lassen.
4. Die Möhren schälen, in 4 cm Stifte schneiden und in eine Schüssel geben. Mit einem Esslöffel Kokosöl, Thymian und Kräutersalz würzen und in der Heißluftfritteuse für 20 Minuten garen lassen.
5. Das restliche Kokosöl in einer Pfanne erhitzen.
6. Mit feuchten Händen kleine Frikadellen aus der Masse formen und bei mittlerer Hitze für 3 Minuten je Seite braten.
7. Das Möhrengemüse auf zwei Teller anrichten und die Frikadellen darauflegen.

GEBACKENER REISAUFLAUF

mittel	30 Minuten	1 Tag	2 Portionen

ZUTATEN:

150 Gramm Reis gekocht vom Vortag I 2 Eier I 4 EL Rohrzucker I 2 EL Orangensaft I 2 EL Mehl I Butter zum Einfetten der Backform (ca. 20x10 cm)

ZUBEREITUNG:

1. Reis am Vortag kochen und in den Kühlschrank stellen.
2. Am Tag der Zubereitung: Backofen auf 175 Grad Ober- und Unterhitze (oder 155 Grad Umluft) vorheizen.
3. Die Eier trennen und das Eiweiß steif schlagen.
4. Die Eigelb mit 2 Esslöffel Rohrzucker, dem Orangensaft, dem Mehl und dem Reis in einer Schüssel vermischen.
5. Den Eischnee unterheben.
6. Eine Auflaufform mit etwas Butter einfetten.
7. Die Masse einfüllen und mit einer Teigkarte glattstreichen.
8. Mit dem restlichen Rohrzucker bestreuen.
9. Den Reisauflauf auf mittlerer Schiene für 40 Minuten backen.

KAISERSCHMARRN

mit Pflaumenkompott

mittel	25 Minuten	25 Minuten	2 Portionen

ZUTATEN:

150 ml Milch I 3 EL Mehl I 3 Eier I ½ TL Vanillezucker I 2 EL Butter I 2 EL Mandelblättchen I 3 EL Rohrzucker I 200 Gramm Pflaumen I 80 ml Wasser I ½ TL Zimt gemahlen I eine Prise Nelkenpulver

ZUBEREITUNG:

1. Die Milch mit dem Mehl, den Eiern und dem Vanillezucker in eine Schüssel geben und gut verrühren.
2. Einen Esslöffel Butter in einer Pfanne aufschäumen lassen.
3. Die Masse in die Pfanne gießen, mit einem Deckel verschließen und bei geringer Hitze langsam stocken lassen.
4. Nach etwa 5 Minuten den Kaiserschmarrn vorsichtig wenden und mit geschlossenem Deckel für weiter 6 Minuten backen.
5. Den Kaiserschmarrn mit zwei Kochlöffel in 2 cm große Stücke zerreißen.
6. Die restliche Butter, die Mandelblättchen und 2 Esslöffel Rohrzucker dazu geben. Den Kaiserschmarrn leicht karamellisieren lassen.
7. In der Zwischenzeit die Pflaumen waschen, halbieren und entsteinen.
8. Die Pflaumen mit dem restlichen Rohrzucker, dem Wasser, dem Zimt und dem Nelkenpulver in einen Topf geben und bei mittlerer Hitze für 10 Minuten garen lassen.
9. Das Pflaumenmus zum Anrichten in Schalen dazu reichen.

ÜBERBACKENE QUARK-PFANNKUCHEN

aufwendig | 25 Minuten | 50 Minuten | 2 Portionen

ZUTATEN FÜR DIE PFANNKUCHEN:

130 ml Milch I 2 Eier I 3 EL Mehl I Kokosöl zum Braten I Butter zum Einfetten der Auflaufform (ca. 30x20 cm)

Zutaten für die Füllung:

120 Gramm Quark I 1 Ei I 3 EL Rosinen (optional) I 2 EL Honig I ½ TL Vanillezucker

ZUTATEN FÜR DAS ROYAL (ÜBERGUSS):

100 ml Milch I 1 Ei I 1 TL Rohrzucker

ZUBEREITUNG:

1. Backofen auf 200 Grad Ober- und Unterhitze (oder 180 Grad Umluft) vorheizen.
2. Für die Pfannkuchen die Milch mit den Eiern und dem Mehl in einer Schüssel verrühren.
3. Eine Pfanne mit etwas Kokosöl erhitzen und darin vier Pfannkuchen braten.
4. Für die Füllung den Quark mit dem Ei, optional mit den Rosinen, dem Honig und dem Vanillezucker glattrühren.
5. Die Pfannkuchen mit dem Quark einstreichen und einrollen.
6. Eine Auflaufform mit etwas Butter einfetten und die Pfannkuchen nebeneinander hineinlegen.
7. Die Milch mit dem Ei und dem Rohrzucker verrühren und über die Pfannkuchen gießen. Auf mittlerer Schiene für 25 Minuten backen.

TIPPS UND TRICKS:

Diese Pfannkuchen schmecken heiß und auch kalt.

FRUCHTKNÖDEL

mittel | 30 Minuten | 60 Minuten | 2 Portionen

ZUTATEN:

200 Gramm Kartoffeln mehlig I 2 EL feinen Weichweizengrieß I 1 Ei I 1 Eigelb I 60 Gramm Mehl I 4 Erdbeeren I 2 EL Butter I 1 EL Rohrzucker I 4 EL Paniermehl I 1 Päckchen Vanillezucker I Puderzucker

ZUBEREITUNG:

1. Die Kartoffeln waschen und weichkochen. Die Kartoffeln schälen und ausdämpfen lassen.
2. Durch eine Kartoffelpresse drücken und mit dem Weichweizengrieß, dem Ei, dem Eigelb und dem Mehl in eine Schüssel geben und zu einem Teig verkneten. Den Teig in gleiche Stück teilen.
3. Die Erdbeeren waschen, trocken tupfen und das Grün wegschneiden.
4. Den Teig mit den Händen flachdrücken, die Erdbeeren in die Mitte setzen, den Teig einschlagen und zu einem Knödel formen. Sie dürfen keine Risse aufweisen.
5. Einen Topf mit reichlich Wasser und dem Vanillezucker erhitzen.
6. Die Knödel für 5 Minuten kochen, mit einem Deckel verschließen und ohne Hitze für weitere 10 Minuten ziehen lassen.
7. Die Butter in einem Topf aufschäumen lassen und den Rohrzucker und das Paniermehl dazu geben und goldbraun braten.
8. Die Erdbeerknödel in dem süßen Paniermehl wenden und zum Anrichten mit etwas Puderzucker bestäuben.

TIPPS UND TRICKS:

Die Fruchtknödel schmecken auch mit Pflaumen oder Aprikosen köstlich.

Im Winter können Sie Ihre Knödel mit Tiefkühlobst befüllen, zum Beispiel Obst, das Sie im Sommer ernten und einfrieren.

ARME RITTER

einfach | 10 Minuten | 10 Minuten | 2 Portionen

ZUTATEN:

4 Scheiben Toastbrot I 100 ml Milch I 2 Eier I 1 TL Vanillezucker I 2 EL Butter I 2 EL Rohrzucker I 1 EL Zimt gemahlen I 100 Gramm frische Himbeeren

ZUBEREITUNG:

1. Die Milch mit den Eiern und dem Vanillezucker in einer Schale gut verrühren.
2. Die Toastscheiben durchziehen.
3. Die Butter in einer Pfanne erhitzen und die Toastscheiben darin für etwa 90 Sekunden je Seite goldbraun braten.
4. Den Rohrzucker mit dem Zimt in einem Teller vermischen und die gebacken Toastscheiben darin wenden.
5. Himbeeren waschen, trocken tupfen und Toast damit dekorieren.

TIPPS UND TRICKS:

Eine Kugel Eis würde gut dazu passen.

DESSERTS

LUSTIGER BIRNEN-IGEL

einfach | 10 Minuten | 10 Minuten | 1 Igel

ZUTATEN:

1 Birne I 50 Gramm Weintrauben I 2 Gewürznelken I Zahnstocher

ZUBEREITUNG:

1. Birne waschen und nur die obere Hälfte schälen.
2. Weintrauben auf Zahnstocher stecken und dann nebeneinander am unteren Teil der Birne befestigen, sodass die Illusion eines Igels entsteht.
3. Die 2 Nelken für die Augen in die Birne drücken und fertig ist der Igel.

TIPPS UND TRICKS:

Sie werden sehen: So einfach ist es, Kindern Obst schmackhaft zu machen.

BRATAPFEL

einfach | 10 Minuten | 35 Minuten | 2 Portionen

ZUTATEN:

2 Äpfel I 30 Gramm Marzipan I 6 Nelken I 2 EL Rohrzucker I 1 TL Zimt gemahlen I 1 TL Rosinen (optional)

ZUBEREITUNG:

1. Backofen auf 200 Grad Ober- und Unterhitze (oder 180 Grad Umluft) vorheizen.
2. Die Äpfel waschen und trocken tupfen. Das Kerngehäuse mit einem Ausstecher entfernen.
3. Das Marzipan in die ausgehöhlten Äpfel geben.
4. Mit den Nelken spicken und in eine feuerfeste Form stellen.
5. Den Rohrzucker mit dem Zimt und optional mit den Rosinen vermischen und die Äpfel damit bestreuen.
6. Die Äpfel für 25 Minuten im Ofen braten.

ANANAS PUDDING

einfach | 15 Minuten | 75 Minuten | 2 Portionen

ZUTATEN:

150 Gramm Ananas I 50ml Kokosmilch I 200 ml Milch I 2 EL Honig I 2 EL Vanillepuddingpulver

ZUBEREITUNG:

1. Die Hälfte der Ananas mit der Kokosmilch in einem Mixer fein pürieren.
2. Die restliche Ananas in 1 cm große Stücke schneiden.
3. 50 ml Milch mit dem Vanillepuddingpulver in einer kleinen Schale verrühren.
4. 150 ml Milch mit dem Ananaspüree und dem Honig in einen Topf geben und erhitzen.
5. Die Puddingmilch einrühren und unter ständigem Rühren für 3 Minuten kochen lassen.
6. Vom Herd nehmen und die Ananaswürfel einrühren.
7. In zwei Schälchen füllen und für etwa eine Stunde auskühlen lassen.

TIPPS UND TRICKS:

Sie können den Pudding immer wieder mit anderen Früchten zubereiten.

APFELKRAPFEN

einfach | 15 Minuten | 15 Minuten | 2 Portionen

ZUTATEN:

2 reife Äpfel I 2 EL Maismehl I 120 ml Buttermilch I 2 Eier I 100 Gramm Mehl I eine Messerspitze Weinstein Backpulver I eine Messerspitze Vanillepulver I Kokosöl zum Frittieren I 2 EL Honig

ZUBEREITUNG:

1. Das Kokosöl in einem Topf erhitzen oder in der Fritteuse auf 170 Grad vorheizen.
7. Die Äpfel waschen, trocken tupfen und das Kerngehäuse mit einem Ausstecher entfernen.
2. Die Buttermilch mit den Eiern, dem Mehl, dem Weinstein Backpulver und dem Vanillepulver in eine Schüssel geben und zu einem dickflüssigen Teig verrühren. Es sollten keine Klumpen im Teig sein.
3. Die Äpfel im Maismehl wenden.
4. Danach durch den Teig ziehen und im Kokosöl für etwa 2 Minuten goldbraun backen.
5. Aus dem Kokosöl fischen und auf einem Küchenpapier abtropfen lassen.
6. Zum Anrichten mit dem Honig nappieren.
7. Tipps und Tricks:
8. Birnenkrapfen lassen sich ebenfalls hervorragend mit reifen Birnen zubereiten.

ERDBEERCREME

einfach | 10 Minuten | 70 Minuten | 2 Portionen

ZUTATEN:

200 Gramm Erdbeeren | 2 EL Honig | 1 EL Limettensaft | 200 ml Sahne | 1 Päckchen Sahnesteif | 2 TL geröstete Kokosraspeln

ZUBEREITUNG:

1. Die Erdbeeren waschen, trocken tupfen und das Grün wegschneiden. 3 Erdbeeren in kleine Würfel schneiden.
2. Die restlichen Erdbeeren mit dem Honig und dem Limettensaft in ein hohes Gefäß geben und mit einem Stabmixer fein pürieren.
3. Die Sahne mit dem Sahnesteif steif schlagen.
4. Das Erdbeerpüree mit den Erdbeerwürfel und mit der Sahne vermengen.
5. In zwei Gläser füllen und für mindestens eine Stunde kaltstellen.
6. Zum Anrichten mit den Kokosraspeln garnieren.

TIPPS UND TRICKS:

Die Creme lässt sich immer wieder mit anderen Früchten abwandeln.

SCHICHTDESSERT REGENBOGEN

einfach | 15 Minuten | 15 Minuten | 2 Portionen

ZUTATEN:

300 Gramm Quark | 1 EL Rohrzucker | 3 Erdbeeren | 3 Aprikosen | 1 Kiwi | 50 Gramm Brombeeren | 1 TL Chiasamen | 20 Gramm Butterkekse

ZUBEREITUNG:

1. Den Quark mit dem Rohzucker verrühren.
2. Die Erdbeeren waschen, trocken tupfen, das Grün wegschneiden und in kleine Stücke schneiden.
3. Die Aprikosen waschen, trocken tupfen, entsteinen und in dünne Spalten schneiden.
4. Die Brombeeren mit einer Gabel zerdrücken und mit den Chiasamen verrühren.
5. Kiwi schälen und in kleine Stücke schneiden.
6. Die Butterkekse grob zerbröseln.
7. Die Butterkekse in zwei Gläser geben und mit etwas Quark bedecken. Die Erdbeeren darauf geben. Etwas Quark auf die Erdbeeren füllen. Die Aprikosen in die Gläser geben und mit etwas Quark bedecken. Kiwi dazu geben und mit dem restlichen Quark bedecken. Die Gläser mit den zerdrückten Brombeeren abschließen.

TIPPS UND TRICKS:

Sie können immer wieder mit anderen Früchten und Keksen bunte und gesunde Desserts zaubern.

Sie können statt den Keksen auch Kuchen zerbröseln oder das Dessert mit Nüssen verfeinern.

SCHNELLES SCHOKO-MOUSSE

einfach | 10 Minuten | 130 Minuten | 2 Portionen

ZUTATEN:

50 Gramm Mascarpone I 2 EL Honig I 2 EL Kakao I eine Messerspitze Zimt gemahlen I 2 EL Schokotropfen I 250 ml Sahne I 1 Päckchen Sahnesteif I2 EL Schokoraspeln

ZUBEREITUNG:

1. Die Mascarpone mit dem Honig, dem Kakao, dem Zimt und den Schokotropfen verrühren.
2. Die Sahne mit dem Sahnesteif steif schlagen.
3. Die Sahne vorsichtig unterheben.
4. In zwei Schalen füllen und für 2 Stunden im Kühlschrank kaltstellen.
5. Zum Anrichten mit den Schokoraspeln garnieren.

TIPPS UND TRICKS:

Statt den Schokotropfen können Sie Zartbitterschokolade klein hacken und verwenden.

Auch die Schokoraspeln können Sie selbst aus der Zartbitterschokolade oder einer anderen Schokolade reiben.

KUCHEN

BEERENKUCHEN

mittel | 30 Minuten | 3,5 Stunden | 1 Kuchen (ca. 10 Stück)

ZUTATEN:

150 Gramm weiche Butter I 80 Gramm feiner Rohrzucker I 3 Eier I 150 Gramm Joghurt I 150 Gramm Mehl I 1 TL Weinstein Backpulver I 1 Päckchen Vanillezucker I 200 Gramm Heidelbeeren I 200 Gramm Frischkäse I 4 EL Honig I 200 ml Sahne I 1 Päckchen Sahnesteif I 200 Gramm Erdbeeren I 200 Gramm Himbeeren I 100 Gramm Brombeeren I 1 Päckchen roter Tortenguss (optional) I Butter zum Einfetten der Backform (ca. 30x20 cm)

ZUBEREITUNG:

1. Backofen auf 175 Grad Ober- und Unterhitze (oder 155 Grad Umluft) vorheizen.
2. Die Butter mit dem Rohrzucker schaumig rühren.
3. Die Eier nach und nach einrühren.
4. Den Joghurt dazu geben und für 3 Minuten auf höchster Stufe rühren.
5. Das Mehl mit dem Weinstein Backpulver und dem Vanillezucker beimengen und gut verrühren.
6. Die Heidelbeeren waschen, trocknen und vorsichtig in die Masse heben.
7. Die Masse in eine gebutterte Backform füllen. Den Teig glattstreichen.
8. Den Kuchen auf mittlerer Schiene für 50 Minuten backen.
9. Aus dem Ofen nehmen und auskühlen lassen.
10. Den Frischkäse mit dem Honig glattrühren.
11. Die Sahne mit dem Sahnesteif steif schlagen und mit dem Frischkäse verrühren. Die Creme auf dem Kuchen verstreichen.
12. Die Erdbeeren, die Himbeeren und die Brombeeren auf der Creme verteilen.
13. Optional: Den Tortenguss laut Packungsanweisung zubereiten und über die Beeren gießen.
14. Den Beerenkuchen für mindestens 2 Stunden im Kühlschrank kaltstellen.

SCHOKO-NUSS KUCHEN

aufwendig	30 Minuten	2,5 Stunden	1 Kuchen (ca. 10 Stück)

ZUTATEN:

5 Eier | 150 Gramm Rohrzucker | 200 Gramm Joghurt | 130 Gramm Mehl | 130 Gramm Walnüsse gerieben | 1 Päckchen Weinstein Backpulver | 1 Päckchen Vanillezucker | 2 EL Kakao | 1 TL Zimt gemahlen | eine kleine Prise Salz | 50 Gramm Schokoladentropfen | 100 Gramm Zartbitterschokolade | 4 EL Sahne | 100 Gramm bunte Schokolinsen | Butter zum Einfetten einer runden Backform

ZUBEREITUNG:

1. Backofen auf 170 Grad Ober- und Unterhitze (oder 150 Grad Umluft) vorheizen.
2. Die Eier mit dem Rohrzucker in der Küchenmaschine schaumig rühren, bis die Masse fast weiß ist.
3. Den Joghurt dazu geben und für 3 Minuten weiter schlagen.
4. Das Mehl mit den Walnüssen, dem Weinstein Backpulver, dem Vanillezucker, dem Kakao, dem Zimt und dem Salz in eine Schüssel geben und vermischen.
5. Die trockenen Zutaten und die Schokoladentropfen dazu geben und verrühren.
6. Eine runde Backform gut mit Butter einfetten und die Masse einfüllen. Mit einer Teigkarte den Teig glattstreichen. Auf mittlerer Schiene für 50 Minuten backen.
7. Den Kuchen aus dem Ofen nehmen und auskühlen lassen.
8. Die Zartbitterschokolade mit der Sahne über einem heißen Wasserbad langsam schmelzen lassen.
9. Den Kuchen mit der Schokolade überziehen und mit den bunten Schokolinsen bestreuen.
10. Den Schoko-Nusskuchen für eine Stunde in den Kühlschrank stellen.

TIPPS UND TRICKS:

Dieser Kuchen eignet sich hervorragend für eine selbstgemachte Geburtstagstorte: einfach mit den bunten Schokolinsen die Zahl vom Geburtstag auflegen.

Für eine schöne Schokoglasur rühren Sie beim Schmelzen bitte nicht zu viel Luft unter die Schokolade, damit sich keine Bläschen bilden.

Schmelzen Sie die Schokolade langsam und portionsweise (nicht alles auf einmal) und nicht zu heiß. Testen Sie am besten mit dem Fingerrücken: die Schokolade soll sich nicht heiß anfühlen.

Statt den Schokotropfen können Sie Zartbitterschokolade klein hacken und verwenden.

BISKUIT ROULADE MIT QUARKFÜLLUNG

mittel	30 Minuten	2,5 Stunden	1 Kuchen (ca. 10 Stück)

ZUTATEN:

5 Eier I 80 Gramm Rohrzucker I 120 Gramm Mehl I ½ TL Weinstein Backpulver I 80 Gramm Aprikosenkonfitüre I 300 Gramm Quark I 4 EL Honig I 1 TL Vanillezucker I Saft einer Zitrone I 2 Blätter Gelatine I 300 Gramm Erdbeeren I 200 ml Sahne I 1 EL Sahnesteif I Puderzucker zum Bestäuben

ZUBEREITUNG:

1. Backofen auf 180 Grad Ober- und Unterhitze (oder 160 Grad Umluft) vorheizen.
2. Die Eier trennen und das Eiweiß steif schlagen.
3. Die Eigelb mit dem Rohrzucker gut schaumig rühren.
4. Das Mehl und das Weinstein Backpulver in die Dottermasse einrühren.
5. Ein Drittel vom Eischnee einrühren und den restlichen Eischnee vorsichtig unterheben.
6. Ein Backblech mit Backpapier auslegen. Die Masse auf dem Backblech verstreichen (ca. 1 cm dick). Den Biskuit im Ofen für 12 Minuten backen.
7. Aus dem Backofen nehmen, mit einem feuchten Küchentuch belegen und einrollen. Beim Einrollen das Backpapier vorsichtig abziehen und auch außen mit einem feuchten Küchentuch belegen und auskühlen lassen.
8. In der Zwischenzeit den Magerquark mit dem Honig und dem Vanillezucker glattrühren.
9. Die Blattgelatine im kalten Wasser einweichen.
10. Die Erdbeeren waschen, trocken tupfen, das Grün wegschneiden und in kleine Würfel schneiden.
11. Den Zitronensaft leicht erwärmen und die Gelatine darin auflösen.
12. Die Gelatine und die Erdbeeren in den Magerquark rühren.
13. Die Sahne mit dem Sahnesteif steif schlagen und vorsichtig unter den Quark heben.
14. Die Biskuitrolle wieder ausrollen. Die Quarkmasse darauf verstreichen, wieder einrollen und im Kühlschrank für mindestens 1 Stunde kaltstellen.
15. Zum Servieren mit dem Puderzucker bestäuben.

TIPPS UND TRICKS:

Falls etwas Creme übrig ist, die Roulade damit einstreichen.

CUPCAKES MIT ROSA ODER BLAUEM TOPPING

mittel | 25 Minuten | 45 Minuten | 4 Cupcakes

ZUTATEN:

50 Gramm weiche Butter | 2 EL Rohrzucker | 1 Ei | 2 EL Joghurt | 60 Gramm Mehl | ½ TL Weinstein Backpulver | ½ TL Vanillezucker | 2 EL Blaubeeren | 100 Gramm Frischkäse | 2 EL Sahne | 1 Spritzer Zitronensaft | 1 EL Puderzucker | 2 EL blaue oder rosa Lebensmittelfarbe

ZUBEREITUNG:

1. Backofen auf 180 Grad Ober- und Unterhitze (oder 160 Grad Umluft) vorheizen.
2. Die Butter mit dem Rohrzucker schaumig rühren.
3. Das Ei einrühren. Den Joghurt dazu geben und für 5 Minuten auf höchster Stufe weiter rühren.
4. Das Mehl mit dem Weinstein Backpulver und dem Vanillezucker vermischen und unterrühren.
5. Die Blaubeeren vorsichtig einarbeiten.
6. Die Masse in 4 Muffinförmchen füllen und auf mittlerer Schiene für 15 Minuten backen. Aus dem Ofen nehmen und auskühlen lassen.
7. Den Frischkäse mit der Sahne, dem Zitronensaft, dem Puderzucker und mit der rosa oder blauen Lebensmittelfarbe glattrühren.
8. In einen Spritzbeutel mit einer Sterntülle füllen und auf die ausgekühlten Muffins spritzen.

TIPPS UND TRICKS:

Sie können sie Lebensmittelfarben nach Belieben variieren oder sogar die Creme verschiedenfärbig (zum Beispiel blau und rosa) aufteilen.

Die Creme können Sie optional mit Zuckerstreusel oder Früchten garnieren: ein echter Hingucker auf jeder Kinder- oder Baby-Party!

ABENDESSEN

Das Abendessen ist unter der Woche meist die einzige Zeit, an der die ganze Familie zusammenkommt und gemeinsam bei Tisch sitzt. Kinder lieben es, wenn es nett hergerichtete Teller gibt und alle Spaß haben. Wer möchte da nicht nochmal Kind sein.

Die Rezepte sind so konzipiert, dass Sie für die ganze Familie geeignet sind. Sie können die Standard-Portionsgrößen für 2 Personen jederzeit verdoppeln oder nach Belieben erhöhen. Wählen Sie aus einer Vielfalt an Rezepten für einen ausgewogenen Speiseplan.

SUPPEN

KÜRBISCREMESUPPE

mit Parmesan

einfach | 15 Minuten | 45 Minuten | 2 Portionen

ZUTATEN:

200 Gramm Kürbisfleisch | 1 Schalotte | 1 EL Butter | 380 ml Gemüsebrühe | 10 Gramm Parmesan | 50 ml Sahne | 50 Gramm Schmand | 1 TL Petersilie gehackt

ZUBEREITUNG:

1. Kürbisfleisch in Würfel schneiden. Schalotte schälen und grob hacken.
2. Schalotte in Butter glasig braten und Kürbisfleisch dazu geben. Mit Gemüsebrühe auffüllen und 20 Minuten köcheln lassen.
3. Parmesan in kleine Stücke schneiden oder mit der Küchenreibe hobeln. In die Suppe geben und für weitere 10 Minuten kochen lassen.
4. Schmand und Sahne dazu geben, verrühren und anschließend pürieren.
5. Mit Petersilie bestreut servieren.

CREMIGE KARTOFFELSUPPE

mit Würstchen

einfach | 15 Minuten | 40 Minuten | 2 Portionen

ZUTATEN:

400 Gramm Kartoffeln | 2 Möhren | ½ Stange Porree | 1 TL Butter | 500 ml Gemüsebrühe | 1 TL Sahne | Kräutersalz | 1 Prise weißen Pfeffer | 2 Würstchen (optional) | 1 EL Petersilie gehackt

ZUBEREITUNG:

1. Kartoffeln und Möhren schälen und würfelig schneiden. Porree waschen und klein schneiden.
2. Butter in einem Topf erhitzen und das Gemüse unter ständigem Rühren für ca. 5 Minuten andünsten.
3. Gemüsebrühe dazu geben, aufkochen lassen und für weitere 30 Minuten köcheln lassen. Danach alles pürieren mit dem Stabmixer.
4. Mit Sahne, Kräutersalz und Pfeffer abschmecken und gut verrühren.
5. Würstchen in Scheiben schneiden und in den Topf dazu geben. Noch einmal 5 Minuten köcheln lassen.
6. Die Suppe in zwei Suppenschalen anrichten und mit der Petersilie bestreuen.

TIPPS UND TRICKS:

Die Kartoffelsuppe kann auch ohne Würstchen, also vegetarisch, zubereitet werden.

SALATE ALS HAUPTGERICHT

BUNTER KINDER-NUDELSALAT

einfach | 30 Minuten | 60 Minuten | 2 Portionen

ZUTATEN:

125 Gramm Spiralnudeln I 1 Handvoll Erbsen (tiefgefroren) I 1 Möhre I ½ Gurke I ½ Apfel I 100 Gramm Emmentaler I 100 Gramm Fleischwurst (optional) I 4 Kirschtomaten I 80 Gramm Brokkoli Röschen I 1 EL Olivenöl I ½ EL Ketchup I 100 Gramm Naturjoghurt (optional) I ½ TL Senf I 1 Prise Kräutersalz I 1 Prise Pfeffer I ¼ TL Paprikapulver

ZUBEREITUNG:

1. Spiralnudeln nach Packungsanweisung bissfest kochen und ca. 3 Minuten vor Ende der Kochzeit die TK-Erbsen dazu geben. Gemeinsam abgießen und auskühlen lassen.
2. Möhre schälen und in kleine Würfel schneiden oder raspeln.
3. Gurke und Apfel waschen. Apfel entkernen. Gurke, Apfel und Emmentaler in kleine Würfel schneiden. Kirschtomaten waschen und halbieren. Alles in einer großen Schüssel vermischen.
4. Optional: Fleischwurst klein würfeln und dazu geben.
5. Brokkoli Röschen waschen, trocken tupfen und mit den Nudeln in die Schüssel dazu mischen.
6. Olivenöl, Ketchup, optional Naturjoghurt und Senf verrühren und ebenfalls in die Schüssel dazu geben und alles gut vermischen.
7. Mit Kräutersalz abschmecken und im Kühlschrank mindestens für 30 Minuten, besser über Nacht, durchziehen lassen.

TIPPS UND TRICKS:

Wenn der Nudelsalat über Nacht einziehen kann, schmeckt er am besten.

SALAT MIT PANIERTEN HÄHNCHENBRUSTSTREIFEN

aufwendig | 35 Minuten | 55 Minuten | 2 Portionen

ZUTATEN:

200 Gramm Hühnerbrust ohne Haut I Kräutersalz I 3 EL Mehl I 2 Eier I 1 EL Joghurt I 100 Gramm Paniermehl I 100 Gramm Kopfsalat I 1 Orange I 100 Gramm Tomaten I 2 EL Saure Sahne I 1 EL selbstgemachtes Ketchup I 2 EL Apfelessig I 1 TL Gewürzpaste I 1 EL Kokosöl

ZUBEREITUNG:

1. Die Hühnerbrust waschen, trocken tupfen und in 2 cm große Stücke schneiden. Mit etwas Kräutersalz würzen.
2. Die Eier mit dem Joghurt verrühren.
3. Das Hühnchen im Mehl wälzen, durch die Eier ziehen und im Paniermehl wenden.
4. Die Hühnerstücke mit etwas Kokosöl bestreichen und entweder in der auf 220 Grad vorgeheizten Heißluftfritteuse für 18 Minuten backen und nach der Hälfte der Zeit einmal wenden. Oder: Die Hühnchen werden auch im Backofen bei Umluft oder in der Fritteuse richtig gut knusprig.
5. Den Kopfsalat waschen, trockenschleudern und in mundgerechte Stücke zupfen.
6. Die Orange schälen und filetieren.
7. Die Tomaten waschen, trocken tupfen, den Strunk entfernen und in dünne Spalten schneiden.
8. Die Saure Sahne mit dem Ketchup, dem Apfelessig und der Gewürzpaste in eine Schüssel geben und verrühren.
9. Den Kopfsalat mit der Orange und den Tomaten ins Dressing geben und durchmischen.
10. Auf zwei Teller anrichten und mit den gebackenen und knusprigen Hühnchen belegen.

SALAT AM SPIESS

einfach | 15 Minuten | 15 Minuten | 2 Portionen

ZUTATEN:

200 Gramm Halloumi (Grillkäse) I 250 Gramm Kirschtomaten I Kräutersalz I 3 EL Olivenöl I ½ Bund Basilikum I 1 EL milder Balsamico Essig I 2 EL Pinienkerne geröstet I ½ TL Thymian

ZUBEREITUNG:

1. Den Halloumi in 2 cm große Stücke schneiden. Die Kirschtomaten waschen und trocknen.
2. Käse und Tomaten abwechselnd auf 4 kleine Spieße stecken.
3. Mit dem Kräutersalz würzen und mit etwas Olivenöl einpinseln.
4. Eine Grillpfanne stark erhitzen und die Spieße für etwa 1 Minute je Seite darin grillen.
5. Das Basilikum waschen und trockenschleudern.
6. Das restliche Olivenöl mit dem Basilikum, dem Balsamico Essig und etwas Kräutersalz in ein hohes Gefäß geben und mit einem Stabmixer pürieren.
7. Die Spieße anrichten und mit dem Basilikumdressing beträufeln. Mit den Pinienkernen und dem Thymian garnieren.

TIPPS UND TRICKS:

Dazu schmeckt ein knuspriges Weißbrot wunderbar.

HÜHNER-FRIKASSEE

mit Erbsen

einfach | 10 Minuten | 30 Minuten | 2 Portionen

ZUTATEN:

280 Gramm Hühnerbrust ohne Haut I 250 ml Gemüsebrühe I 1 Lorbeerblatt I 100 ml Sahne I 150 Gramm Erbsen I 100 Gramm Möhren I Kräutersalz I 1 Prise weißen Pfeffer I 1 TL Maismehl I 2 EL Saure Sahne I 2 EL Schnittlauchringe

ZUBEREITUNG:

1. Die Hühnerbrüste waschen, trocken tupfen und in 2 cm große Würfel schneiden. Möhren schälen und in dünne Scheiben schneiden.
2. Die Gemüsebrühe mit dem Lorbeerblatt in einem Topf erhitzen.
3. Die Hühnerwürfel in der Gemüsebrühe für 10 Minuten bei mittlerer Hitze garen lassen.
4. Mit der Sahne aufgießen, Erbsen und Möhren dazu geben. Mit Kräutersalz und Pfeffer würzen. Für weitere 5 Minuten köcheln lassen.
5. Das Maismehl mit der sauren Sahne verrühren und in den Topf einrühren. Ein weiters Mal kurz aufkochen lassen.
6. Zum Anrichten mit dem Schnittlauch bestreuen.

TIPPS UND TRICKS:

Reis ist eine klassische Beilage dazu.

GERÖSTETE KARTOFFELN

mit Bratwurst

einfach | 20 Minuten | 1 Tag | 2 Portionen

ZUTATEN:

300 Gramm Kartoffeln | 1 rote Zwiebel | 1 Zehe Knoblauch | 2 Bratwürste | 1 EL Kokosöl | Kräutersalz | 1 TL Majoran | 1 Prise Kreuzkümmel gemahlen | 2 Eier (optional) | 2 EL Dill gehackt

ZUBEREITUNG:

1. Die Kartoffeln waschen, weichkochen, schälen und am besten über Nacht in den Kühlschrank stellen.
2. Die Zwiebel und den Knoblauch schälen und klein schneiden. Die Bratwürste in Scheiben schneiden. Die Kartoffeln ebenfalls in Scheiben schneiden.
3. Das Kokosöl in einer großen Pfanne erhitzen. Die Bratwürste darin scharf anbraten. Aus der Pfanne nehmen und beiseitestellen.
4. Die Kartoffeln in derselben Pfanne goldbraun anrösten, aus der Pfanne nehmen und zu den Bratwürsten legen.
5. Die Zwiebel mit dem Knoblauch in der Pfanne anschwitzen. Die Bratwürste und die Kartoffeln zurück in die Pfanne geben.
6. Optional: Die Eier verrühren und über die Kartoffeln gießen. Mit Kräutersalz, Majoran und Kreuzkümmel würzen. Die Eier stocken lassen.
7. Zum Anrichten mit dem Dill bestreuen.

FLEISCHKÄSE MIT EI UND PÜREE

einfach | 25 Minuten | 60 Minuten | 2 Portionen

ZUTATEN:

200 Gramm Kartoffeln | 50 ml Milch | 3 EL Butter | Kräutersalz | 1 Prise Muskatnuss | 2 Scheiben Fleischkäse á 120 Gramm | 2 Eier | 1 EL Kokosöl | 2 Tomaten | 2 Salatblätter

ZUBEREITUNG:

1. Die Kartoffeln waschen, schälen und im Topf kochen oder im Dampfgarer für 35 Minuten weich dämpfen. Tomaten waschen, Strunk entfernen und vierteln. Salatblätter waschen und trocken tupfen.
2. Die heißen Kartoffeln durch eine Kartoffelpresse in einen Topf pressen und mit der Milch und der Butter verrühren. Mit Kräutersalz und Muskatnuss würzen.
3. Eine Pfanne mit dem Kokosöl erhitzen und den Fleischkäse in die Pfanne legen.
4. Nach dem Wenden die Eier in die Pfanne schlagen und zu Spiegeleiern braten.
5. Den Fleischkäse auf den Tellern anrichten.
6. Kartoffelpüree, Spiegeleier, Tomaten und Salatblätter auf den Tellern anrichten.

KÖTTBULLAR IN SAUCE

einfach | 20 Minuten | 35 Minuten | 2 Portionen

ZUTATEN:

250 Gramm Rinderhack I 2 Scheiben Toastbrot ohne Rinde I 1 Ei I 1 TL Senf I Kräutersalz I 1 EL Kokosöl I 1 TL Mehl I 150 ml Gemüsebrühe I 150 ml Sahne I 1 TL Gewürzpaste I 2 TL Preiselbeer Konfitüre

ZUBEREITUNG:

1. Die Toastscheiben in kleine Stücke schneiden.
2. Das Hackfleisch mit den Toastwürfeln, dem Ei, dem Senf und mit dem Kräutersalz in eine Schüssel geben und verkneten.
3. Mit feuchten Händen aus der Masse kleine Bällchen formen.
4. Die Hackbällchen in der Heißluftfritteuse oder im Ofen bei 200 Grad für 15 Minuten braten.
5. Das Kokosöl in einem kleinen Topf erhitzen.
6. Das Mehl dazu geben, mit einem Schneebesen verrühren und braun rösten. Mit der Gemüsebrühe und der Sahne aufgießen. Unter kräftigem Rühren die Sauce für 3 Minuten kochen lassen.
7. Mit der Gewürzpaste abschmecken.
8. Die Hackbällchen anrichten mit der Sauce übergießen und die Preiselbeer Konfitüre dazu geben.

TIPPS UND TRICKS:

Kartoffelpüree oder Reis passen sehr gut als Beilage dazu.

ZARTE RINDERROULADE

mit Gemüse

aufwendig | 45 Minuten | 60 Minuten | 2 Portionen

ZUTATEN:

2 Scheiben Rindschnitzel á 150 Gramm I 2 TL Senf I 2 Scheiben Schinken I 2 Gewürzgurken I ¼ Möhre I 30 Gramm Sellerie I 1 EL Kokosöl I Kräutersalz I 250 Gramm zartes Gemüse aufgetaut I 2 EL Kräuterbutter I grüner Salat

ZUBEREITUNG:

1. Die Rindschnitzel zwischen zwei Klarsichtfolien legen und dünn klopfen.
2. Mit etwas Kräutersalz würzen. Mit dem Senf einstreichen und mit dem Schinken belegen.
3. Die Gewürzgurken, die geschälte Möhre und den geschälten Sellerie in feine Streifen schneiden. Auf den Schinken legen und die Roulade einrollen. Die Roulade mit kleinen Spießchen fixieren.
4. Das Kokosöl in einer Pfanne erhitzen und die Roulade rundherum scharf anbraten.
5. Auf den Ofen-Rost legen und im vorgeheizten Backofen auf 120 Grad Ober- und Unterhitze (oder 100 Grad Umluft) für 15 Minuten fertig garen.
6. Das zarte Gemüse mit der Kräuterbutter in eine Pfanne geben und erhitzen, gegebenenfalls mit etwas Kräutersalz abschmecken.
7. Salat waschen, trocken tupfen oder schleudern und mit Salatdressing (siehe Basis-Rezepte) übergießen.
8. Die Rouladen mit dem Gemüse anrichten.

TIPPS UND TRICKS:

Da dieses Gericht aufwendiger ist, könnten Sie gleich mehrere Portionen vorkochen und im Kühlschrank für einen Tag aufbewahren oder auch zum Einfrieren mehrere Portionen mitkochen.

Gefrorene Rinderrouladen am Vortag in den Kühlschrank legen und am nächsten Tag nur mehr im Dampfgarer oder in der Pfanne aufwärmen.

NATURSCHNITZEL MIT KRÄUTERSAUCE UND SPIRAL NUDELN

einfach | 20 Minuten | 25 Minuten | 2 Portionen

ZUTATEN:

100 Gramm Spiral Nudeln I 2 Putenschnitzel á 130 Gramm I Kräutersalz I 1 EL Butter I 1 TL Mehl I 150 ml Gemüsebrühe I 100 Gramm Kräuterfrischkäse I 2 EL Petersilie gehackt I eine Prise Pfeffer

ZUBEREITUNG:

1. Die Nudeln laut Packungsanweisung in reichlich Salzwasser kochen.
2. Währenddessen die Putenschnitzel waschen, trocken tupfen und mit Kräutersalz würzen.
3. Die Butter in einer Pfanne aufschäumen. Die Putenschnitzel darin für 2 Minuten je Seite braten. Die Schnitzel aus der Pfanne nehmen und beiseitelegen.
4. Den Bratenrückstand mit dem Mehl stauben, mit der Gemüsebrühe aufgießen und mit einem Schneebesen verrühren.
5. Den Kräuterfrischkäse einrühren und für 3 Minuten köcheln lassen.
6. Die Petersilie dazu geben, mit Kräutersalz und Pfeffer würzen.
7. Die Putenschnitzel wieder in die Pfanne legen und für weitere 3 Minuten in der Sauce ziehen lassen.
8. Naturschnitzel mit den Nudeln und der Kräutersauce auf 2 Tellern anrichten.

HASCHEEHÖRNCHEN

einfach | 20 Minuten | 25 Minuten | 2 Portionen

ZUTATEN:

130 Gramm Hörnchen Nudeln I 1 rote Zwiebel I 1 Zehe Knoblauch I 1 TL Kokosöl I 250 Gramm Hackfleisch gemischt I 1 TL mildes Paprikapulver I 1 TL Oregano I 150 ml kräftige Gemüsebrühe I 1 EL Gewürzpaste I optional 2 EL Saure Sahne I 2 TL Schnittlauchringe

ZUBEREITUNG:

1. Die Hörnchen Nudeln laut Packungsanweisung in reichlich Salzwasser kochen.
2. Die Zwiebel und den Knoblauch schälen und klein scheiden.
3. Das Kokosöl in einer Pfanne erhitzen und die Zwiebel mit dem Knoblauch goldbraun anbraten.
4. Das Hackfleisch dazu geben und mitrösten.
5. Das Paprikapulver und den Oregano in die Pfanne geben und mit der Gemüsebrühe aufgießen. Mit der Würzpaste würzen. Die Brühe fast vollständig einkochen lassen.
6. Die Hörnchen untermischen.
7. Zum Anrichten die Saure Sahne (optional) darauf platzieren und mit dem Schnittlauch bestreuen.

SLOPPY JOE

"Schlampiger Burger"

einfach | 15 Minuten | 20 Minuten | 2 Portionen

ZUTATEN:

1 rote Zwiebel | 200 Gramm Hackfleisch gemischt | 1 EL Kokosöl | 3 EL Ketchup | 15 Gramm passierte Tomaten | 1 Gewürzgurke | Kräutersalz | eine Prise Pfeffer | ½ TL Majoran | 30 Gramm geriebener Käse | 2 Burger Brötchen

ZUBEREITUNG:

1. Die Zwiebel schälen und fein würfeln.
2. Zwiebel mit dem Hackfleisch im heißen Kokosöl scharf anbraten.
3. Das Ketchup und die passierten Tomaten dazu geben. Bei mittlerer Hitze für 10 Minuten köcheln lassen.
4. Die Gewürzgurke in feine Würfel schneiden. Die Gürkchen dazu geben und mit Kräutersalz, Pfeffer und Majoran würzen.
5. Die Brötchen aufschneiden und in einer Pfanne mit der Schnittfläche nach unten leicht anbraten.
6. Zum Anrichten das Hackfleisch auf den beiden Brötchen verteilen, mit dem Käse bestreuen und mit dem Burger Deckel bedecken.

HAWAII SCHNITZEL

einfach | 15 Minuten | 20 Minuten | 2 Portionen

ZUTATEN:

2 Putenschnitzel á 130 Gramm | Kräutersalz | 1 TL Kokosöl | 4 dünne Scheiben Geflügelschinken | 100 Gramm Ananas | 4 Scheiben Emmentaler | 4 Kirschen (oder Cocktailkirschen) zum Garnieren

ZUBEREITUNG:

1. Die Putenschnitzel waschen, trocken tupfen und dünn klopfen. Mit dem Kräutersalz würzen und im heißen Kokosöl für 2 Minuten je Seite braten.
2. Backofen auf 220 Grad Ober- und Unterhitze (oder 200 Grad Umluft) vorheizen.
3. Die Putenschnitzel in breite Streifen schneiden und auf ein mit Backpapier ausgelegtes Backblech legen. Den Geflügelschinken auf die Schnitzelstreifen legen.
4. Die Ananas in kleine Würfel schneiden. Die Ananaswürfel auf dem Schinken verteilen und mit dem Emmentaler belegen.
5. Die Hawaiischnitzel für 6 bis 8 Minuten garen. Aus dem Ofen nehmen und mit den Kirschen (oder Cocktailkirschen) garnieren.

ABENDESSEN MIT FISCH

SCHNELLE FISCHPFANNE

einfach | 15 Minuten | 25 Minuten | 2 Portionen

ZUTATEN:

2 Möhren I 1 Zwiebel I 2 Fischfilets nach Wahl I 1 EL Kokosöl I 200 Gramm Schmand I etwas Frischkäse I 1 EL frischer Dill I etwas Kräutersalz und Pfeffer zum Abschmecken

ZUBEREITUNG:

1. Möhren schälen und grob raspeln. Zwiebel schälen und fein würfeln. Fischfilets abwaschen, trocken tupfen und in mundgerechte Würfel schneiden.
2. Zwiebel und Möhren in einer Pfanne mit dem Kokosöl goldbraun anrösten.
3. Fischwürfel hinzufügen und auch anrösten.
4. Mit Kräutersalz und Pfeffer verfeinern und mit dem Schmand ablöschen. Mit etwas Frischkäse abschmecken und ca. 10 Minuten gar ziehen lassen.
5. Zum Servieren mit frischem Dill dekorieren.

TIPPS UND TRICKS:

Nudeln, Kartoffeln oder Reis passen sehr gut zur Fischpfanne.

Statt Petersilie können Sie gerne mit anderen frischen Kräutern variieren.

LACHS MIT BUNTEM GEMÜSE

einfach | 15 Minuten | 30 Minuten | 2 Portionen

ZUTATEN:

2 Lachsfilet ohne Haut á 150 Gramm I 1 EL Olivenöl I Kräutersalz I 120 Gramm Blumenkohl I 120 Gramm Möhren I 80 Gramm Brokkoli I 1 L Gemüsebrühe I 2 EL geröstete Mandelblättchen I etwas Butter zum Einfetten der Auflaufform (ca. 30x20 cm)

ZUBEREITUNG:

1. Den Lachs waschen, trocken tupfen, mit Olivenöl einpinseln und mit dem Kräutersalz würzen. Den Lachs in eine gebutterte Auflaufform legen und mit Folie verschießen. Den Lachs im Backofen bei 70 Grad Ober- und Unterhitze (oder 50 Grad Umluft) für 15 Minuten garen.
2. Die Möhren schälen und in Scheiben schneiden. Den Blumenkohl und den Brokkoli putzen und in Röschen schneiden. Gemüse 15 Minuten in der Gemüsebrühe in einem Topf kochen oder im Dampfgarer garen.
3. Zum Anrichten die Röschen mit den Mandelblättchen bestreuen.

ABENDESSEN VEGETARISCH

KLASSISCHES RISOTTO

einfach | 10 Minuten | 35 Minuten | 2 Portionen

ZUTATEN:

1 Schalotte I 1 EL Butter I ½ TL Safranfäden fein gerieben I 120 Gramm Risotto Reis I 2 EL Zitronensaft I 300 ml warme Gemüsebrühe I Kräutersalz I 40 Gramm Parmesan gerieben

ZUBEREITUNG:

1. Die Schalotte schälen und fein würfeln.
2. Die Butter in einem Topf erhitzen, die Schalotte darin hell anschwitzen und Safran hinzugeben.
3. Den Risotto Reis dazu geben und für 2 Minuten andünsten.
4. Mit dem Zitronensaft ablöschen. Mit der Gemüsebrühe nach und nach aufgießen.
5. Wenn der Risotto Reis gar ist (bei schwacher Hitze etwa 20 Minuten unter gelegentlichem Umrühren mit Deckel quellen lassen), den Topf vom Herd nehmen.
6. Den Parmesan einrühren und mit Kräutersalz abschmecken.

TIPPS UND TRICKS:

Mit einem gemischten Salat servieren.

Variante Risi Bisi: 5 Minuten vor Ende der Garzeit zusätzlich 75 Gramm Erbsen (tiefgekühlt) unter den Reis mischen und fertig garen.

GNOCCHI

mit Tomate, Nuss und Rucola

einfach | 10 Minuten | 15 Minuten | 2 Portionen

ZUTATEN:

200 Gnocchi (aus dem Kühlregal) I 1 EL Butter I ½ TL Rosmarin I 50 Gramm Cashew-Kerne I 100 Gramm Kirschtomaten I Kräutersalz I eine Prise Pfeffer I 20 Gramm Rucola I etwas Parmesan gerieben

ZUBEREITUNG:

1. Die Gnocchi laut Packungsanweisung in reichlich Salzwasser kochen. Abseihen und leicht ausdämpfen lassen.
2. Die Butter in einer Pfanne aufschäumen und die gekochten Gnocchi mit dem Rosmarin und den Cashew-Kernen darin anbraten.
3. Die Tomaten dazu geben und für 2 Minuten braten. Mit Kräutersalz und Pfeffer würzen.
4. Zum Anrichten den grob gehackten Rucola und den Parmesan darüber streuen.

SCHUPFNUDELN

mit Käsesauce

einfach | 30 Minuten | 60 Minuten | 2 Portionen

ZUTATEN:

300 Gramm mehlige Kartoffeln I 50 Gramm Mehl I 2 EL Maismehl I 1 Ei I Kräutersalz I eine Prise Muskatnuss I 1 Schalotte I 1 TL Butter I 1 EL Zitronensaft I 200 ml Gemüsebrühe I 100 Gramm Frischkäse I 80 Gramm geriebenen Gouda I Schnittlauchringe zum Bestreuen

ZUBEREITUNG:

1. Die Kartoffeln waschen, schälen, in 4 cm große Stücke schneiden und im Topf oder im Dampfgarer für etwa 25 bis 30 Minuten weich garen. Die Kartoffeln herausnehmen und gut ausdämpfen lassen.
2. Die etwas abgekühlten Kartoffeln durch eine Kartoffelpresse in eine Schüssel pressen und mit dem Mehl, dem Maismehl, dem Ei, dem Kräutersalz und der Muskatnuss verkneten.
3. Eine Arbeitsfläche mit etwas Mehl bestäuben und den Teig zu einer 3 cm dicken Rolle formen. Mit einem Messer 1 cm Stücke abschneiden und diese mit leicht bemehlten Händen zu kleinen Würstchen rollen. Die Enden sollten leicht spitz zusammen gehen.
4. Die Schupfnudeln in reichlich Salzwasser für etwa 6 Minuten kochen lassen. Aus dem Wasser nehmen und beiseitestellen.
5. Die Schalotte schälen, fein würfeln und in der heißen Butter hell anschwitzen Mit dem Zitronensaft ablöschen. Mit der Gemüsebrühe aufgießen und den Frischkäse einrühren. Für 2 Minuten kochen lassen.
6. Den Gouda dazu geben und schmelzen lassen.
7. Mit Kräutersalz abschmecken. Vom Herd nehmen und die Schupfnudel in die Sauce geben und für 2 Minuten darin ziehen lassen.
8. Zum Anrichten mit dem Schnittlauch bestreuen.

MAC´N´CHEESE

Käse Makkaroni

einfach | 15 Minuten | 25 Minuten | 2 Portionen

ZUTATEN:

120 Gramm Makkaroni I 1 TL Butter I 1 TL Mehl I 150 ml Milch I 100 ml Sahne I ½ TL Senf I 50 Gramm jungen Cheddar gerieben I 60 Gramm Emmentaler I Kräutersalz I eine Messerspitze mildes Paprikapulver I 2 EL grobes Paniermehl I etwas Butter zum Einfetten einer Auflaufform (ca. 30x20 cm)

ZUBEREITUNG:

1. Die Makkaroni laut Packungsanweisung kochen.
2. Backofen auf 200 Grad Ober- und Unterhitze (oder 180 Grad Umluft) vorheizen.
3. Die Butter in einem Topf erhitzen, das Mehl dazu geben und verrühren. Leicht anschwitzen lassen und mit der Milch und der Sahne aufgießen. Einmal aufkochen lassen und vom Herd nehmen.
4. Den Senf, den Käse, das Kräutersalz und das Paprikapulver dazu geben und verrühren, bis der Käse geschmolzen ist.
5. Die Nudeln untermischen.
6. Die Käsenudeln in eine gebutterte Auflaufform geben und mit dem Paniermehl bestreuen. Auf mittlerer Schiene für 8 Minuten backen.

TIPPS UND TRICKS:

Ein grüner Salat schmeckt erfrischend gut dazu.

GEMÜSELASAGNE

aufwendig | 45 Minuten | 80 Minuten | 2 Portionen

ZUTATEN:

1 rote Zwiebel I 1 Zehe Knoblauch I 1 TL Olivenöl I ½ Möhre I 1 Stangensellerie I 100 Gramm Blumenkohl I 100 Gramm Brokkoli I 1 TL Tomatenmark I 250 Gramm stückige Tomaten I 1 TL Oregano getrocknet I 1 EL Gewürzpaste I 150 Gramm Käse gerieben I 200 Gramm Frischkäse I 120 Gramm Lasagne Blätter I ein wenig Butter zum Ausfetten der Auflaufform (ca. 20x12 cm)

ZUBEREITUNG:

1. Die Zwiebel und den Knoblauch schälen und klein schneiden. Die Möhre waschen, trocken tupfen und grob raspeln. Den Stangensellerie in feine Würfel schneiden. Den Blumenkohl und den Brokkoli mit der Hand klein oder in einer Küchenmaschine mit Flügelmesser grob hacken.
2. Das Olivenöl in einem Topf erhitzen und die Zwiebel mit dem Knoblauch anschwitzen.
3. Die Möhren, den Stangensellerie, den Blumenkohl, den Brokkoli dazu geben und mitbraten.
4. Das Tomatenmark dazu geben und rösten, bis es zu duften beginnt.
5. Mit den stückigen Tomaten auffüllen und mit Oregano und der Gewürzpaste würzen. Bei mittlerer Hitze für 5 Minuten köcheln.
6. Eine Auflaufform mit Lasagne blättern auslegen und mit etwas Gemüsebolognese bedecken.
7. 1 bis 2 Esslöffel Frischkäse darauf verstreichen und mit etwas Käse bestreuen.
8. Das Ganze wiederholen, bis alle Komponenten aufgebraucht sind. Wichtig ist nur, dass die letzte Schicht Käse ist.
9. Backofen auf 180 Grad Ober- und Unterhitze (oder 160 Grad Umluft) vorheizen und die Lasagne für 35 Minuten goldbraun backe

GEMÜSE PFANNKUCHEN

mittel | 20 Minuten | 20 Minuten | 2 Portionen

ZUTATEN:

125 ml Milch I 3 EL Mehl I 2 Eier I Kräutersalz I 1 EL Butter I 1 Schalotte I 1 TL Kokosöl I 80 Gramm Zucchini I 80 Gramm Kräuterseitlinge I 80 Gramm Erbsen I 80 Gramm Mais I 150 Gramm Kräuterfrischkäse I 1 EL Petersilie gehackt I eine Prise Kreuzkümmel gemahlen

ZUBEREITUNG:

1. Die Milch mit dem Mehl, den Eiern, und dem Kräutersalz glattrühren.
2. Die Butter in einer Pfanne erhitzen und aus dem Teig 4 Pfannkuchen backen.
3. Die Pfannkuchen für 90 Sekunden je Seite in der Pfanne braten.
4. Die Schalotte schälen und klein schneiden. Die Zucchini waschen, trocken tupfen und in 1 cm große Würfel schneiden. Die Kräuterseitlinge putzen und in 1 cm große Würfel schneiden.
5. Die Zucchini, die Kräuterseitlinge, die Erbsen und den Mais in die Pfanne geben. Den Kräuterfrischkäse einrühren und mit etwas Kräutersalz, Petersilie und Kreuzkümmel würzen.
6. Das cremige Gemüse auf den Pfannkuchen verstreichen und einrollen.

ABENDESSEN VEGAN

KICHERERBSEN EINTOPF

einfach | 15 Minuten | 15 Minuten | 2 Portionen

ZUTATEN:

1 Schalotte I 1 Zehe Knoblauch I 1 TL Kokosöl I 1 TL mildes Currypulver I eine Messerspitze Fenchelsamen gemahlen I eine Prise Kreuzkümmel gemahlen I 200 Gramm stückige Tomaten I 100 ml Kokosmilch I 250 Gramm Kichererbsen gekocht oder aus der Dose I 1 TL Gewürzpaste I 50 Gramm frischer Blattspinat

ZUBEREITUNG:

1. Die Schalotte und den Knoblauch schälen und klein schneiden.
2. Das Kokosöl in einem Topf erhitzen die Schalotte mit dem Knoblauch darin anschwitzen. Das Currypulver, die Fenchelsamen und den Kreuzkümmel kurz mitbraten.
3. Mit den Tomaten und der Kokosmilch auffüllen. Die Kichererbsen dazu geben und bei mittlerer Hitze für 8 Minuten köcheln lassen.
4. Mit der Gewürzpaste abschmecken und eine Minute vor dem Anrichten den Spinat untermischen.

GEBRATENE GEMÜSEBURGER

einfach | 20 Minuten | 50 Minuten | 2 Portionen

ZUTATEN:

160 Gramm Kartoffeln I ¼ Zucchini I ¼ Möhre I 30 Gramm Mais I 2 EL Kichererbsen Mehl I 3 EL Haferflocken I 2 EL Petersilie gehackt I Kräutersalz I eine Prise Muskatnuss I Kokosöl zum Braten

ZUBEREITUNG:

1. Die Kartoffeln waschen und mit der Schale weichkochen. Die Kartoffeln abschrecken, schälen und durch eine Kartoffelpresse drücken.
2. Die Zucchini und die Möhre waschen, trocken tupfen und raspeln.
3. Alle Zutaten in eine Schüssel geben und gut vermischen. Die Masse für 10 Minuten ruhen lassen.
4. Das Kokosöl in einer Pfanne erhitzen.
5. Mit befeuchteten Händen aus der Masse 6 kleine Frikadellen formen. Die Gemüse-Frikadellen bei mittlerer Hitze für 3 Minuten je Seite braten.

BLUMENKOHL-STEAK

mit Süßkartoffel Pommes

einfach | 15 Minuten | 40 Minuten | 2 Portionen

ZUTATEN:

300 Gramm Blumenkohl I 3 EL Rapsöl I 1 EL Apfelessig I ½ TL Paprikapulver mild I Kräutersalz I etwas Pfeffer I 300 Gramm Süßkartoffel I 2 EL Sojasauce I 1 TL Majoran

ZUBEREITUNG:

1. Backofen auf 170 Grad Ober- und Unterhitze (oder 150 Grad Umluft) vorheizen.
2. Aus der Blumenkohlmitte 2 Scheiben á 2 cm Dicke schneiden.
3. Zwei Esslöffel Rapsöl mit dem Apfelessig, dem Paprikapulver, Kräutersalz und Pfeffer in einer Schale verrühren und die Blumenkohlsteaks auf beiden Seiten damit einpinseln.
4. Die Süßkartoffeln schälen und in 1 cm lange Stifte schneiden. Das restliche Rapsöl mit der Sojasauce und dem Majoran in einer Schüssel verrühren und die Süßkartoffeln darin marinieren.
5. Die Blumenkohlsteaks und die Süßkartoffelpommes auf ein mit Backpapier ausgelegtes Backblech legen. Für 25 Minuten im Ofen garen.
6. Nach der Hälfte der Zeit die Steaks wenden und die Pommes durchmischen.

KOHLRABI SCHNITZEL

mit Kartoffelsalat

mittel | 35 Minuten | 35 Minuten | 2 Portionen

ZUTATEN:

200 Gramm Kartoffeln festkochend I 1 Schalotte I 1 TL Senf I Kräutersalz I 2 EL Apfelessig I 2 EL Sonnenblumenöl I 150 ml heiße Gemüsebrühe I 180 Gramm Kohlrabi geschält I 50 ml Hafermilch I 3 EL Maismehl I 60 Gramm Paniermehl I Kokosöl zum Braten

ZUBEREITUNG:

1. Die Kartoffeln waschen und weichkochen. Mit kaltem Wasser abschrecken, schälen und in Scheiben schneiden.
2. Die Schalotte schälen und klein schneiden. Die Schalotte mit dem Senf, etwas Kräutersalz, dem Apfelessig und dem Sonnenblumenöl in einer Schüssel verrühren. Die Kartoffeln und die heiße Gemüsebrühe dazu geben, vermischen und für 15 Minuten durchziehen lassen.
3. Den Kohlrabi in 8 mm dicke Scheiben schneiden. Die Kohlrabi-Scheiben für 5 Minuten im heißen Wasser vorkochen. Mit einem Küchenpapier trocken tupfen.
4. Die Hafermilch mit dem Maismehl in einer Schale verrühren und mit etwas Kräutersalz würzen. Die Kohlrabi Schnitzel durchziehen und in dem Paniermehl wenden.
5. Kokosöl in einer Pfanne erhitzen und den Kohlrabi darin wie ein Schnitzel goldbraun herausbacken.
6. Auf 2 Tellern mit dem Kartoffelsalat anrichten.

GEBACKENES TEMPURA GEMÜSE

mittel | 15 Minuten | 15 Minuten | 2 Portionen

ZUTATEN:

1 Zucchini I 100 Gramm Spargel I 100 Gramm Brokkoli I 50 Gramm Zuckerschoten I 150 Gramm Tempura Mehl I 1 EL Hefeflocken I 200 ml eiskaltes Wasser I Kokosöl zum Frittieren I 100 Gramm veganen Joghurt I Kräutersalz I 1 EL Petersilie gehackt I 1 EL Schnittlauchringe

ZUBEREITUNG:

1. Die Zucchini waschen, trocken tupfen und in 1 cm dicke Stifte schneiden.
2. Das untere Drittel des Spargels wegschneiden. Den Brokkoli in Röschen schneiden. Die Zuckerschoten putzen.
3. Das Kokosöl in einem Topf oder in der Fritteuse auf 170 Grad erhitzen.
4. Das Tempura Mehl mit den Hefeflocken und dem Wasser in eine Schüssel geben und gut verrühren.
5. Das Gemüse durch den Teig ziehen und im Kokosöl für 3 Minuten goldgelb backen.
6. Auf einem Küchenpapier abtropfen lassen.
7. Den veganen Joghurt mit dem Kräutersalz, der Petersilie und dem Schnittlauch verrühren und als Dip dazu geben.

TIPPS UND TRICKS:

Sie können jedes Gemüse für die Zubereitung verwenden. Probieren Sie gemeinsam mit Ihrem Kind Verschiedenes aus.

Tempura Mehl bekommen Sie im Bio Laden oder auch im Asia Laden.

Den Teig können Sie aber auch selbst machen:

200 Gramm Kichererbsen Mehl I1/2 TL gemahlene Kurkuma I 1/2 TL Pfeffer oder Cayennepfeffer I 1/2 TL Garam Masala (indische Gewürzmischung) I 1/2 TL gemahlener Kreuzkümmel I 1 TL Salz I 150g Wasser

Aus Kichererbsen-Mehl, Gewürzen, Salz und Wasser einen Teig anrühren und zugedeckt ca. 30 Minuten ruhen lassen

Reis passt optional als Beilage sehr gut dazu.

KNUSPER TOFU SÜSS-SAUER

einfach	15 Minuten	15 Minuten	2 Portionen

ZUTATEN:

200 Gramm Tofu | 2 EL Gemüsebrühe | 3 EL Maismehl | 3 EL Kokosöl | ½ rote Zwiebel | ½ rote Paprika | ½ gelbe Paprika | 1 EL Butter | 2 EL Ahornsirup | 2 EL Apfelessig | 200 Gramm passierte Tomaten | 100 Gramm Ananas | ½ TL Oregano | 1 TL Hoisin Sauce | Kräutersalz | ½ TL Schnittlauchröllchen

ZUBEREITUNG:

1. Den Tofu in 2 cm große Würfel schneiden, mit der Gemüsebrühe marinieren und im Maismehl wenden.
2. Das Kokosöl in einer Pfanne erhitzen und den Tofu darin rundherum knusprig braten.
3. Die Zwiebel schälen und in 1 cm kleine Würfel schneiden. Die Paprika waschen, trocken tupfen, entkernen und in 2 cm große Stücke schneiden.
4. Die Zwiebel und die Paprika in der heißen Butter anschwitzen.
5. Den Ahornsirup dazu geben und leicht karamellisieren lassen. Mit dem Apfelessig ablöschen und mit den Tomaten aufgießen. Für 5 Minuten köcheln lassen.
6. Die Ananas in 1 cm dicke Stücke schneiden und dazu geben. Mit Oregano, der Hoisin Sauce und Kräutersalz würzen.
7. Die süß-saure Sauce anrichten, den knusprigen Tofu darauf verteilen und mit Schnittlauchröllchen servieren.

TIPPS UND TRICKS:

Hoisin Sauce erhalten Sie in jedem Asiamarkt oder im Onlinehandel.

ABENDESSEN SÜSS

SCHUPFNUDELN MIT APFELMUS

einfach | 30 Minuten | 50 Minuten | 2 Portionen

ZUTATEN:

200 Gramm mehlige Kartoffeln I eine Prise Salz I 4 EL Mehl I 1 Eigelb I ½ TL Vanillezucker I 500 Gramm Äpfel I 60 ml Apfelsaft I 1 EL Zitronensaft I 6 EL Rohrzucker I 1 EL Zimt

ZUBEREITUNG:

1. Die Kartoffeln schälen und in Stücke schneiden. Die Kartoffeln in reichlich Wasser mit einer Prise Salz weichkochen. Die Kartoffeln ausdämpfen und durch eine Kartoffelpresse drücken.
2. Die Kartoffeln mit dem Mehl, dem Eigelb und Vanillezucker verkneten. Den Teig für 10 Minuten ruhen lassen.
3. Äpfel schälen, entkernen und in Stücke schneiden. In einem Topf 2 EL Rohrzucker schmelzen, bis er karamellisiert (ca. 2 Minuten). Dann die Äpfel dazugeben und bei reduzierter Hitze umrühren, bis sich der Zucker vom Topfboden löst (ca. 1-2 Minuten). Dann Apfelsaft dazu gießen, zudecken und kochen lassen, bis die Äpfel weich sind.
4. Etwas Mehl auf die Arbeitsfläche geben und den Teig zu einer Rolle formen. In gleichgroße Stücke schneiden und mit leicht bemehlten Händen zu Schupfnudeln formen.
5. Einen Topf mit Wasser, einer Prise Salz und 2 EL Rohrzucker erhitzen und die Schupfnudeln darin für 10 Minuten köcheln lassen.
6. Wenn die Äpfel in der Zwischenzeit weich sind, mit einem Kartoffelstampfer zu Püree verarbeiten und ein wenig auskühlen lassen.
7. Den restlichen Rohrzucker mit dem Zimt vermischen.
8. Die Schupfnudel abgießen, gleich direkt in Zimt-Zucker wälzen und mit dem Apfelmus servieren.

TIPPS UND TRICKS:

Selbstgemachtes Apfelmus passt hervorragend dazu.

BUCHTELN

mit Vanillesauce

einfach | 30 Minuten | 105 Minuten | 12 Buchteln

ZUTATEN:

250 ml Milch | 80 Gramm Butter | 500 Gramm Mehl | 1 Päckchen Trockenhefe | 5 EL Rohrzucker | 1 EL Vanillezucker | 2 Eier | 12 TL Pflaumenmus | 500 ml Milch | 200 ml Sahne | 2 EL Rohrzucker | 1 Päckchen Vanillepuddingpulver | Butter zum Einfetten der Backform (ca. 30x20 cm)

ZUBEREITUNG:

1. Hefeteig zubereiten: Die Milch mit der Butter in einem kleinen Topf erwärmen. Das Mehl mit der Trockenhefe, dem Rohrzucker und dem Vanillezucker mit den Händen oder mit einer Küchenmaschen mit Knethacken kurz vermischen. Die Milch dazu geben und verkneten. Die Eier mit einarbeiten und zu einem geschmeidigen Teig verkneten. Den Teig mit einem Küchentuch bedecken und für 30 Minuten an einem warmen Ort quellen lassen.
2. Backofen auf 180 Grad Ober- und Unterhitze (oder 160 Grad Umluft) vorheizen.
3. Eine Backform gut mit Butter einfetten.
4. Den Teig in 12 gleiche Stücke teilen. Die Stücke mit leicht bemehlten Händen flachdrücken, jeweils 1 TL Pflaumenmus in die Mitte geben, zusammenklappen und verschließen. Die Buchtel in die Form legen und für 20 Minuten quellen lassen.
5. Die Form auf der zweiten Schiene für 25 Minuten goldbraun backen.
6. 500 ml Milch mit dem Rohrzucker in einen Topf geben und erhitzen. Die Sahne mit dem Puddingpulver verrühren und in die heiße Milch gießen. Unter ständigem Rühren für 3 Minuten kochen lassen.
7. Die noch warmen Buchtel anrichten und mit der Vanillesauce übergießen.

TIPPS UND TRICKS:

Statt Pflaumenmus können Sie auch Aprikosenkonfitüre verwenden. Beides schmeckt Kindern besonders lecker.

Die Buchteln schmecken auch ohne Vanillesauce oder kalt.

PASTA

mit Paniermehl und Zucker

einfach | 10 Minuten | 15 Minuten | 2 Portionen

ZUTATEN:

100 Gramm Pasta (zum Beispiel Spaghetti) I 3 EL Butter I 6 EL grobes Paniermehl I 2 EL Rohrzucker I 1 TL Zimt gemahlen I 1 Minzblatt gehackt

ZUBEREITUNG:

1. Die Pasta laut Packungsanweisung kochen und abgießen.
2. Die Butter in einer Pfanne aufschäumen lassen und das Paniermehl darin goldbraun braten.
3. Den Rohrzucker und Zimt dazu geben.
4. Die Nudeln untermischen und mit dem gehackten Minzblatt anrichten.

GEBRATENE MILCHREIS TALER

einfach | 30 Minuten | 60 Minuten | 2 Portionen

ZUTATEN:

80 Gramm Milchreis I 250 ml Milch I 3 EL Honig I 1 Ei I 1 reife Banane I 60 Gramm Maismehl I Butter zum Braten

ZUBEREITUNG:

1. Den Milchreis mit der Milch und dem Honig in einen Topf geben. Langsam aufkochen, mit einem Deckel bedecken und für 15 Minuten ohne Hitze ziehen lassen. Den Milchreis ohne Deckel auskühlen lassen.
2. Die Banane schälen und mit einer Gabel zerdrücken.
3. Das Ei mit der Banane, dem Maismehl und dem Milchreis in eine Schüssel geben und vermischen.
4. Mit leicht feuchten Händen aus der Masse kleine Taler formen.
5. Die Butter in einer Pfanne erhitzen und bei mittlerer Hitze die Taler für 3 Minuten je Seite braten.

GRIESS - QUARK KNÖDEL

mit Pflaumenmus

einfach | 15 Minuten | 55 Minuten | 2 Portionen

ZUTATEN:

130 Gramm Quark I 1 Ei I 4 EL weiche Butter I 1 TL Vanillezucker I 1 EL Puderzucker I 75 Gramm Weichweizengrieß I 2 EL Maismehl I 400 Gramm Pflaumen I 70 Gramm Rohrzucker I 60 ml Wasser I 1 Spritzer Zitronensaft I ½ Zimtstange I 2 Gewürznelken I 4 EL Paniermehl I 1 EL Rohrzucker

ZUBEREITUNG:

1. Den Quark mit dem Ei, 2 Esslöffel Butter, dem Vanillezucker, dem Puderzucker, dem Weichweizengrieß und mit dem Maismehl in eine Schüssel geben und mit dem Handmixer zu einer festen Masse verrühren. Den Teig für 30 Minuten im Kühlschrank ruhen lassen.
2. Wasser mit Zucker, Zitronensaft, Zimtrinde und Gewürznelke aufkochen lassen. Pflaumen waschen, entkernen und halbieren. Pflaumen in das kochende Wasser geben und aufkochen lassen. So lange weiter kochen, bis die Pflaumen halb zerfallen sind. Gewürze entfernen und auskühlen lassen.
3. Die Teigmasse mit feuchten Händen zum 6 kleinen Knödel formen und in leicht süßem Wasser für 10 Minuten köcheln lassen.
4. Die restliche Butter mit dem Paniermehl in eine Pfanne geben und hellbraun anrösten. Den Rohrzucker dazu geben und vermischen.
5. Die Knödel im Paniermehl wälzen und anrichten.

TIPPS UND TRICKS:

Pflaumenmus ist eine klassische Beilage zu Süßspeisen und schmeckt auch hervorragend als Kompott (kalt oder warm).

GEBACKENE ANANAS UND BANANEN

mit Honig und Sesam

einfach | 15 Minuten | 15 Minuten | 2 Portionen

ZUTATEN:

150 ml Milch I 3 Eier I 100 Gramm Mehl I ½ TL Weinstein Backpulver I 150 Gramm Ananas I 2 Bananen I Kokosöl zum Frittieren I 3 EL Honig I 2 EL Sesam

ZUBEREITUNG:

1. Die Milch mit den Eiern, dem Mehl und dem Weinstein Backpulver in einer Schüssel verrühren und den Teig für 10 Minuten stehen lassen.
2. Das Kokosöl auf 170 Grad erhitzen.
3. Die Ananas in 2 cm große Stücke schneiden. Die Banane schälen und ebenfalls in 2 cm große Stücke schneiden.
4. Die Ananas und die Bananenstücke durch den Teig ziehen und im heißen Fett goldbraun backen. Auf einem Küchentuch abtropfen lassen.
5. Zum Anrichten den Honig darüber laufen lassen und mit dem Sesam bestreuen.

MEAL PREP - LUNCH BOX

Meal Prep ist die trendy Bezeichnung für Vorkochen oder Vorbereiten. Egal, ob Sie diese Kleinigkeiten für die Lunch Box oder für das schnelle Essen nach der Arbeit vorbereiten, mit Meal Prep sparen Sie auf jeden Fall viel Zeit. Die Gerichte können alle kalt gegessen werden und lassen sich zudem wunderbar portionsweise einfrieren und bei Bedarf auftauen.

KÄSE MUFFINS

einfach | 10 Minuten | 25 Minuten | 4 Muffins

ZUTATEN:

2 Eier I 50 ml Buttermilch I 2 EL flüssige Butter I 100 Gramm Mehl I ½ TL Weinstein Backpulver I ½ TL mildes Paprikapulver I ½ TL frischer Oregano gehackt I Kräutersalz I 50 Gramm Gouda gerieben I 2 EL Parmesan gerieben I Butter zum Einfetten der Muffinformen

ZUBEREITUNG:

1. Backofen auf 180 Grad Ober- und Unterhitze (oder 160 Grad Umluft) vorheizen.
2. Die Eier mit der Buttermilch und der flüssigen Butter in einer Schüssel verrühren.
3. Das Mehl mit dem Weinstein Backpulver, dem Paprikapulver, dem Oregano und dem Kräutersalz vermischen und mit in die Schüssel geben. Mit einem Handmixer für 3 Minuten auf höchster Stufe rühren.
4. Den Gouda untermischen und in 4 gebutterte Muffinformen füllen. Mit dem Parmesan bestreuen und auf mittlerer Schiene für 15 Minuten backen.

TIPPS UND TRICKS:

Sie können sämtliche andere Käsesorten verwenden und zum Beispiel klein gewürfelten Schinken, Speck, Kräuter oder Gemüse in die Muffin-Masse geben.

Die Muffins schmecken nicht nur warm, sondern auch kalt besonders lecker.

INDISCHE GEFÜLLTE FLADEN

einfach | 20 Minuten | 50 Minuten | 4 Fladen

ZUTATEN:

100 ml Dinkelmehl | 50 ml Wasser | 1 TL Sesamöl | 1 Spritzer Apfelessig | Kräutersalz | 100 Gramm Kartoffeln | 30 Gramm Blattspinat | 1 EL Sojajoghurt | 1 TL Garam Masala (indische Gewürzmischung) | 1 TL mildes Currypulver | 2 EL Koriander grob gehackt | etwas Kokosöl zum Braten

ZUBEREITUNG:

1. Das Dinkelmehl mit dem Wasser, dem Sesamöl, dem Apfelessig und etwas Kräutersalz in eine Schüssel geben und zu einem Teig verkneten. Den Teig in Folie
2. wickeln und für 30 Minuten im Kühlschrank ruhen lassen.
3. Die Kartoffeln waschen und weichkochen. Die Kartoffeln etwas auskühlen lassen, schälen und mit einem Kartoffelstampfer grob zerdrücken.
4. Die Kartoffeln mit dem gewaschenen Blattspinat, dem Sojajoghurt, dem Garam Masala, dem Currypulver, Kräutersalz und dem Koriander vermischen.
5. Den Teig aus dem Kühlschrank nehmen und halbieren. Den Teig noch einmal halbieren und auf einer leicht bemehlten Arbeitsfläche zu einem runden, dünnen Fladen ausrollen.
6. Die Kartoffeln auf der Hälfte des Teigfladens verteilen und 2 cm Rand frei lassen. Den Fladen zusammenschlagen und die Ränder festdrücken.
7. Eine Pfanne mit etwas Kokosöl erhitzen und die Fladen bei mittlerer Hitze für 3 bis 4 Minuten je Seite braten, dabei zweimal wenden.

TIPPS UND TRICKS:

Garam Masala ist eine indische Gewürzmischung, die Sie in jedem Supermarkt oder Bio-Laden kaufen können.

KÜRBISBROT

einfach | 10 Minuten | 60 Minuten | 1 Brot (etwa 12 Scheiben)

ZUTATEN:

300 Gramm Kürbispüree I 3 Eier I 200 Gramm griechischer Joghurt I 2 EL Kürbiskernöl I 300 Gramm Mandelmehl I 100 Gramm Haferkleie I 1 Päckchen Weinstein Backpulver I 80 Gramm Kürbiskerne gehackt I 1 EL Petersilie getrocknet I 1/2 TL Paprikapulver edelsüß I 1 TL Kräutersalz I etwas Muskatnuss I Butter zum Einfetten der Backform (ca. 25x10 cm, eckig)

ZUBEREITUNG:

1. Backofen auf 180 Grad Ober- und Unterhitze (oder 160 Grad Umluft) vorheizen.
2. Das Kürbispüree mit den Eiern, dem Joghurt und dem Kürbiskernöl verrühren. Mit den restlichen Zutaten verrühren.
3. Die Masse in die gebutterte Backform füllen. Das Brot im Ofen auf mittlerer Schien für 45 Minuten backen.
4. Nach 30 Minuten gegebenenfalls mit Alufolie oder Backpapier bedecken.
5. Aus dem Ofen nehmen, für 10 Minuten in der Form auskühlen lassen und stürzen.

MOHNBRÖTCHEN

einfach | 15 Minuten | 85 Minuten | 6 Brötchen

ZUTATEN:

100 Gramm lauwarmes Wasser I 50 ml lauwarme Milch I 250 Gramm Mehl I 10 Gramm frische Hefe I ½ TL Rohrzucker I 1 TL Salz I 4 EL Backmohn

ZUBEREITUNG:

1. Das Wasser mit der Milch, dem Mehl, der zerbröselten Hefe, dem Rohrzucker und dem Salz mit den Händen oder in einer Küchenmaschine mit Knethacken zu einem Teig verkneten. Den Teig mit einem Küchentuch bedecken und für 30 Minuten quellen lassen.
2. Den Teig in 6 gleiche Stücke schneiden. Auf einer bemehlten Arbeitsfläche zu Kugeln formen, etwas flach drücken, mit einem Zahnstocher oder einem stumpfen Messer wie eine Kaisersemmel einritzen und mit dem Mohn bestreuen.
3. Auf ein mit Backpapier ausgelegtes Backblech legen und für weitere 20 Minuten gehen lassen.
4. Backofen auf 190 Grad Ober- und Unterhitze (oder 170 Grad Umluft) vorheizen.
5. Die Brötchen auf mittlerer Schiene für 18 Minuten goldbraun backen.

SPECKSTANGEN

einfach | 5 Minuten | 15 Minuten | 8 Stangen

ZUTATEN:

100 Gramm Blätterteig (aus dem Kühlregal) I 80 Gramm geriebener Käse I 100 Gramm Speckscheiben I 1 Ei I 20 Gramm Sesamsamen

ZUBEREITUNG:

1. Backofen auf 200 Grad Ober- und Unterhitze (oder 180 Grad Umluft) vorheizen.
2. Den Blätterteig in Streifen schneiden, die etwa einen cm breiter als die Speckstreifen sind. Die Blätterteigstreifen mit dem Käse bestreuen und mit dem Speck belegen. Spiralförmig einrollen und auf ein mit Backpapier ausgelegtes Backblech legen.
3. Die Speckstangerl mit dem verquirlten Ei bestreichen und mit dem Sesam bestreuen. Auf mittlerer Schiene für 10 Minuten goldbraun backen.

MINI PIZZA-ECKEN

einfach | 10 Minuten | 20 Minuten | 6-8 Stück

ZUTATEN:

130 Gramm Flammkuchenteig (aus dem Kühlregal) I 100 Gramm Kräuterfrischkäse I 60 Gramm Mozzarella gerieben I 1 TL Basilikum getrocknet I 80 Gramm roher Schinken I 2 EL Walnüsse gehackt I 2 EL Granatapfelkerne (optional)

ZUBEREITUNG:

1. Backofen auf 200 Grad Ober- und Unterhitze (oder 180 Grad Umluft) vorheizen.
2. Den Brokkoli waschen, in kleine Röschen schneiden, im heißen Salzwasser für 2 bis 3 Minuten blanchieren und im Eiswasser abschrecken.
3. Den Flammkuchenteig auf ein mit Backpapier ausgelegtes Backblech legen und mit dem Frischkäse bestreichen. Mit Mozzarella bestreuen und mit dem Basilikum würzen.
4. Den rohen Schinken in kleine Würfel schneiden und auf dem Mozzarella verteilen. Mit den Walnüssen bestreuen.
5. Die Pizza auf mittlerer Schiene für 8 bis 10 Minuten backen.
6. Flammkuchen-Pizza in kleine Ecken schneiden und optional mit Granatapfelkernen garnieren.

TIPPS UND TRICKS:

Die Flammkuchen-Pizza kann nach Belieben belegt werden.

BOLO SCHNECKEN

einfach | 15 Minuten | 30 Minuten | je nach Stückelung mind. 4 Schnecken

ZUTATEN:

½ rote Zwiebel I ¼ Möhre I 20 Gramm Stangensellerie I 1 TL Olivenöl I 200 Gramm Hackfleisch gemischt I 1 TL Tomatenmark I 100 Gramm passierte Tomaten I 1 TL italienische Kräuter I Kräutersalz I eine Prise Pfeffer I eine kleine Prise Rohrzucker I 100 Gramm Blätterteig (aus dem Kühlregal) I 4 EL Parmesan gerieben

ZUBEREITUNG:

1. Die Zwiebel schälen und fein hacken. Die Möhre schälen und grob raspeln. Den Stangensellerie waschen, trocknen und in feine Würfel schneiden.
2. Das Olivenöl in einer Pfanne erhitzen und die Zwiebel mit den Möhren, dem Stangensellerie und dem Hackfleisch darin scharf anrösten.
3. Das Tomatenmark dazu geben und mitrösten, bis das Tomatenmark sehr intensiv zu duften beginnt.
4. Mit den passierten Tomaten aufgießen. Mit den italienischen Kräutern, dem Kräutersalz, dem Pfeffer und dem Rohrzucker abschmecken.
5. Die Bolognese zu einer cremigen Konsistenz einkochen.
6. Backofen auf 200 Grad Ober- und Unterhitze (oder 180 Grad Umluft) vorheizen.
7. Den Blätterteig ausrollen und mit der Bolognese Sauce bestreichen. Den Teig einrollen und in etwa 1 cm (oder je nach Wunsch) dicke Schnecken abschneiden.
8. Die Schnecken mit der Schnittfläche nach oben auf ein mit Backpapier ausgelegtes Backblech legen und mit dem Parmesan bestreuen. Auf mittlerer Schiene für ca. 15 Minuten backen lassen.

TIPPS UND TRICKS:

Legen Sie die Schnecken am Backblech nicht zu nach aneinander, da der Blätterteig aufgeht.

HÜHNCHENSALAT

im Salatmantel

einfach | 20 Minuten | 20 Minuten | 4 Stück

ZUTATEN:

150 Gramm Hühnerbrust ohne Haut I Kräutersalz I 1 EL Kokosöl I ¼ Avocado I ½ rote Paprika I 1 Möhre I 3 EL Joghurt I 1 EL Zitronensaft I 1 Spritzer Olivenöl I 4 Kopfsalatblätter

ZUBEREITUNG:

1. Die Hühnerbrust waschen, trocken tupfen und in feine Streifen schneiden. Mit Kräutersalz kräftig würzen.
2. Die Hühnerstreifen im heißen Kokosöl scharf anbraten.
3. Die Avocado in kleine Würfel schneiden. Die gewaschene Paprika in feine, kurze Streifen schneiden. Die Möhre waschen, trocken tupfen und raspeln oder in dünne Streifen schneiden. Die Kopfsalatblätter waschen und trocknen.
4. Die Hühnerbrust mit der Avocado, der Paprika, den Möhren, dem Joghurt, dem Zitronensaft, 1 Spritzer Olivenöl und etwas Kräutersalz in einer Schüssel vermischen.
5. Den Hühnersalat in die Mitte des Salatblattes geben, einmal einschlagen und einrollen.

TIPPS UND TRICKS:

Diese Salatpäckchen sind absolut großartig für unterwegs und auch für die Schule oder den Kindergarten.

Sie können Salatblätter immer wieder mit anderen Kombinationen füllen.

PUTEN SANDWICH

einfach | 20 Minuten | 20 Minuten | 2 Portionen

ZUTATEN:

100 Gramm Putenschnitzel I Kräutersalz I 1 TL Butter I 2 Scheiben Käse I 1 EL Ketchup I 1 TL Mayonnaise I 2 Salatblätter I 3 Scheiben Tomaten I 3 Scheiben Gurken I 2 Scheiben Vollkornsandwichbrot

ZUBEREITUNG:

1. Das Putenschnitzel klopfen und mit dem Kräutersalz würzen.
2. Die Butter erhitzen und die Pute für 2 Minuten je Seite braten. Nach dem Wenden mit dem Käse belegen.
3. Das Ketchup mit der Mayonnaise vermischen und auf die beiden getoasteten Sandwichscheiben verteilen.
4. Das Sandwich mit der Putenbrust, den gewaschenen Salatblättern und mit den Tomaten- und Gurkenscheiben belegen. Das Sandwich in vier Dreiecke schneiden.
9. Tipps und Tricks:
10. Optional können Sie die Sandwich-Dreiecke mit Zahnstochern fixieren, dann hält es besser zusammen beim Transport in der Lunchbox.
11. Verwenden Sie zum Bestreichen selbstgemachtes Ketchup ohne weißen Zucker. Das Rezept finden Sie bei den Basis-Rezepten.

MINI BURGER

einfach | 20 Minuten | 20 Minuten | 2 Burger

ZUTATEN:

140 Gramm Hackfleisch I 1 Eigelb I 2 EL Paniermehl I Kräutersalz I 1 TL Kokosöl I 2 Scheiben Emmentaler I 2 EL griechischer Joghurt I 20 Gramm Gurke gerieben I 2 Scheiben Tomaten I 10 Gramm frischer Blattsalat I 2 Mini Burger Brötchen

ZUBEREITUNG:

1. Das Hackfleisch mit dem Ei, dem Paniermehl und etwas Kräutersalz vermischen. Aus der Masse zwei Burger Pattys formen und für 2 Minuten je Seite im heißen Kokosöl braten.
2. Nach dem Wenden mit dem Emmentaler belegen.
3. Den griechischen Joghurt mit der Gurke und etwas Kräutersalz vermischen.
4. Die Burger Brötchen in der Mitte durchschneiden und die Schnittfläche in einer heißen Pfanne ohne Fett leicht bräunen.
5. Den Brötchenboden mit den Pattys belegen, die Tomatenscheiben darauflegen. Den Gurkenjoghurt auf den Tomaten verstreichen. Die gewaschenen Salatblätter auf dem Joghurt verteilen und mit den Brötchendeckel bedecken.

GEFÜLLTE ROASTBEEF ROLLEN

einfach | 10 Minuten | 10 Minuten | 2 Portionen

ZUTATEN:

200 Gramm Roastbeef gegart und aufgeschnitten (vom Metzger) I 100 Gramm Frischkäse I 1 EL Petersilie gehackt I 1 TL Kerbel gehackt I Kräutersalz I ein Spritzer Zitronensaft I ½ rote Paprika I ½ Möhre

ZUBEREITUNG:

1. Die Roastbeef Scheiben auflegen.
2. Den Frischkäse mit der Petersilie, dem Kerbel, dem Kräutersalz und dem Zitronensaft in einer Schale verrühren.
3. Die Paprika waschen, trocken tupfen, entkernen und in Streifen schneiden. Möhre schälen und raspeln oder in Streifen schneiden.
4. Den Frischkäse auf dem Roastbeef verstreichen, die Gurke quer auf ein Ende legen, Paprika und Möhre dazu legen und alles hübsch einrollen.

BROKKOLI BÄLLCHEN

mit Käse

einfach	10 Minuten	30 Minuten	2 Portionen

ZUTATEN:

100 Gramm Brokkoli I 1 EL Schnittlauchringe I 2 EL Mozzarella gerieben I 1 Ei I 2 EL Haferkleie I Kräutersalz I ½ TL Oregano getrocknet I 3 EL Paniermehl I 1 EL Sesam

ZUBEREITUNG:

1. Den Brokkoli waschen, in Röschen schneiden und für 5 Minuten im heißen Salzwasser blanchieren. Im Eiswasser abschrecken und gut abtropfen lassen.
2. Den Brokkoli fein hacken. Den Brokkoli mit dem Schnittlauch, dem Mozzarella, dem Ei, der Haferkleie, dem Kräutersalz und dem Oregano in eine Schüssel geben und gut vermischen. Die Masse für 5 Minuten durchziehen lassen.
3. Mit feuchten Händen daraus kleine Bällchen formen. Die Bällchen im Paniermehl wälzen und in der Heißluftfritteuse für 12 Minuten bei 200 Grad backen.

TIPPS UND TRICKS:

Sie können die Bällchen auch bei Umluft im Backofen zubereiten oder im heißen Kokosöl frittieren.

QUESADILLAS

mit Tomaten und Käse

einfach | 10 Minuten | 20 Minuten | 2 Quesadillas

ZUTATEN:

4 kleine Tortilla-Fladen I 2 EL Kräuterfrischkäse I 100 Gramm Emmentaler gerieben I 2 Tomaten I 2 EL Basilikum I etwas Olivenöl

ZUBEREITUNG:

1. Backofen auf 200 Grad Ober- und Unterhitze (oder 180 Grad Umluft) vorheizen.
2. Tomaten und Basilikum waschen und trocken tupfen. Tomaten in dünne Scheiben schneiden und Basilikum in Streifen schneiden.
3. Den Frischkäse mit dem Emmentaler, den Tomaten und dem Basilikum in einer Schüssel verrühren.
4. Zwei Tortilla-Fladen damit einstreichen und mit dem anderen der beiden Fladen bedecken. Die Fladen mit etwas Olivenöl einpinseln und auf ein mit Backpapier ausgelegtes Backblech legen. Die Quesadillas auf mittlerer Schiene für 10 Minuten backen.
5. Zum Anrichten vierteln.

TIPPS UND TRICKS:

Diese Fladenecken eignen sich auch großartig als Fingerfood und schmecken warm oder kalt. Sie kommen bei jedem Picknick immer gut an.

BUNTE PFANNKUCHEN ECKEN

einfach | 15 Minuten | 15 Minuten | 2 Portionen

ZUTATEN FÜR ROTE PFANNKUCHEN:

20 ml Milch I 50 ml Rote Bete Saft I 1 Ei I 3 TL Mehl I eine kleine Prise Kräutersalz I etwas Butter zum Braten I 3 EL Kräuterfrischkäse I 1 getrocknete Tomate I ¼ Gurke

ZUBEREITUNG:

1. Die Milch mit dem Rote Bete Saft, dem Ei, dem Mehl und dem Kräutersalz in einer Schüssel gut verrühren.
2. Etwas Butter in einer Pfanne erhitzen und darin aus dem Teig zwei Pfannkuchen backen.
3. Die Pfannkuchen mit dem Kräuterfrischkäse bestreichen.
4. Die Tomaten fein hacken und die gewaschene Gurke in 5 mm große Würfel schneiden.
5. Tomaten und Gurken auf dem Frischkäse verteilen.
6. Zum Anrichten die Pfannkuchen entweder zwei Mal einklappen oder einrollen und in 3 cm große Stücke schneiden und mit der Schnittfläche nach oben anrichten.

TIPPS UND TRICKS:

Sie können grüne und orangene Pfannkuchen ebenfalls ganz einfach zaubern, indem Sie den Rote Bete Saft ersetzen durch folgende Zutaten:

- für den grünen Teig: 2 EL Spinat-Püree I 1 Prise Muskat
- für den orangenen Teig: 2 EL Möhren gerieben I 1 Prise Curry

Beim Braten der Pfannkuchen auf jeden Fall lange genug warten, bis die Unterseite richtig schön gebräunt ist und der Pfannkuchen entsprechend fest geworden ist. Versuchen Sie den Pfannkuchen mit dem Pfannenwender anzuheben, dann merken Sie gleich, ob es einfach geht, dann können Sie den Pfannkuchen problemlos wenden, ohne dass dieser zerreißt.

Für die Lunchbox lassen sich die Rollen zudem gut mit einem Zahnstocher fixieren.

GEDÜNSTETE MÖHREN

am Spieß

einfach | 15 Minuten | 20 Minuten | 2 Portionen

ZUTATEN:

100 Gramm Babymöhren I 1 TL Butter I 1 TL Honig I 100 ml Gemüsebrühe I Kräutersalz I etwas Sesam zum Bestreuen I Saure Sahne zum Dippen

ZUBEREITUNG:

1. Die Möhren schälen und das Grün wegschneiden.
2. Die Butter in einer Pfanne erhitzen und die Möhren darin bei mittlerer Hitze für 2 Minuten braten.
3. Den Honig dazu geben und leicht karamellisieren lassen. Mit der Gemüsebrühe aufgießen und mit Kräutersalz leicht würzen. Die Möhren für 5 Minuten weich dünsten, bis die Brühe fast verdampft ist.
4. Die Möhren etwas auskühlen lassen und auf Spieße stecken.
5. Mit etwas Sesam bestreuen und die Saure Sahne als Dip dazu geben.

TIPPS UND TRICKS:

Für die Spieße kann auch immer wieder anderes Gemüse der Saison verwendet werden.

KLEINE CAPRESE SPIESSE

einfach | 10 Minuten | 10 Minuten | 2 Portionen

ZUTATEN:

8 Kirschtomaten I 8 Kugeln Mini Mozzarella I 8 Blatt Basilikum I 2 EL Olivenöl I 1 TL milder Balsamicoessig

ZUBEREITUNG:

1. Die Tomaten waschen, trocken tupfen und mit Mozzarella auf 4 kleine Spieße stecken.
2. Basilikum mit dem Olivenöl und dem Balsamico in ein hohes Gefäß geben und mit einem Stabmixer fein mixen.
3. Die Caprese Spießchen mit der Marinade beträufeln.

GEFÜLLTE EIER

einfach | 10 Minuten | 45 Minuten | 2 Portionen

ZUTATEN:

3 Eier | 1 EL Saure Sahne | Kräutersalz | 1 TL Petersilie fein gehackt | 1 Radieschen | 1 TL Schnittlauch | 2 Salatblätter

ZUBEREITUNG:

1. Die Eier für 7 Minuten hart kochen. Mit kaltem Wasser abschrecken, schälen und der Länge nach halbieren.
2. Die Eigelb entfernen und mit einer Gabel fein zerdrücken. Mit der sauren Sahne, dem Kräutersalz und der Petersilie vermischen. Die Eier mit der Dottercreme wieder befüllen und für 30 Minuten in den Kühlschrank stellen.
3. Salatblätter waschen und trocken tupfen. Radieschen waschen und in feine Würfel schneiden.
4. Die gefüllten Eier auf den Salatblättern anrichten. Mit Radieschenwürfel und Schnittlauch anrichten.

GEGRILLTE MAISGRIESS-SCHEIBEN

einfach | 15 Minuten | 75 Minuten | 2 Portionen

ZUTATEN:

160 ml Gemüsebrühe | 40 Gramm Maisgrieß | Kräutersalz | ½ TL Oregano getrocknet | 30 Gramm Gouda gerieben | 3 EL Parmesan gerieben | etwas Kokosöl zum Braten

ZUBEREITUNG:

1. Die Gemüsebrühe in einem Topf erhitzen und den Maisgrieß einrühren. Mit Kräutersalz und Oregano würzen. Bei mittlerer Hitze für 6 bis 8 Minuten unter ständigem Rühren kochen lassen.
2. Vom Herd nehmen und den Gouda einrühren. Den Maisgrieß in eine mit Backpapier ausgelegte Form füllen, so dass der Maisgrieß etwa 1 cm dick ist. Mit dem Parmesan betreuen. Im Kühlschrank ca. 1 Stunde gut auskühlen lassen.
3. Aus dem Kühlschrank nehmen und mit einem 6 cm runden Ausstecher kleine Taler ausstechen.
4. Eine Grillpfanne mit etwas Kokosöl einfetten und die Maisgrieß-Scheiben für 1 Minute je Seite grillen.

TIPPS UND TRICKS:

Die Maisgrieß-Scheiben schmecken heiß und kalt ganz wunderbar.

VEGANE CHICKEN NUGGETS

aus Seitan

einfach | 15 Minuten | 15 Minuten | 2 Portionen

ZUTATEN:

140 Gramm Seitanschnitzel I 2 EL Maismehl I 50 Gramm Mehl I 80 ml Hafermilch I ½ TL Oregano getrocknet I ½ TL Basilikum getrocknet I ½ TL Kräutersalz I 1 Messerspitze Paprikapulver mild I 40 Gramm Paniermehl I 3 EL Walnüsse gerieben I etwas Rapsöl zum Einpinseln

ZUBEREITUNG:

1. Die Seitanschnitzel in 4 cm große Stücke schneiden und im Maismehl wenden.
2. Das Mehl mit der Hafermilch, dem Oregano, dem Basilikum, dem Kräutersalz und dem Paprikapulver in einer Schüssel zu einem glatten Teig verrühren.
3. Das Paniermehl mit den Walnüssen vermischen.
4. Den Seitan durch den Teig ziehen und in den Bröseln wälzen. Die Panade mit den Händen gut andrücken und leicht mit Rapsöl einpinseln.
5. Die Nuggets bei 210 Grad in der Heißluftfritteuse oder im Backofen bei Umluft für 12 Minuten backen.

TIPPS UND TRICKS:

Auch frittiert schmecken die Nuggets großartig.

Zum Beispiel selbstgemachstes Ketchup dazu geben als Dip.

FALAFEL

mit Dip

mittel	25 Minuten	8 Stunden	2 Portionen

ZUTATEN:

100 Gramm Kichererbsen I 1 Schalotte I 1 Zehe Knoblauch I 1 EL Petersilie gehackt I ½ TL Koriander gemahlen I 1 Messerspitze Kreuzkümmel gemahlen I Kräutersalz I eine kleine Prise Pfeffer I eine Prise Paprikapulver mild I 3 EL feines Paniermehl I etwas Rapsöl zum Beträufeln I 100 Gramm veganer Quark I 1 EL Tahini I ein Spritzer Zitronensaft I 1 EL Koriander gehackt

ZUBEREITUNG:

1. Die Kichererbsen in eine Schüssel geben, mit reichlich Wasser bedecken und über Nacht in den Kühlschrank stellen.
2. Die Kichererbsen abgießen und abwaschen und in einer Küchenmaschine pürieren, bis eine feine Paste entstanden ist.
3. Die Schalotte und den Knoblauch schälen und klein schneiden.
4. Die Kichererbsen mit der Schalotte, dem Knoblauch, der Petersilie, dem Koriander, dem Kreuzkümmel, dem Kräutersalz, dem Pfeffer und dem Paprikapulver in eine Küchenmaschine geben und noch einmal kurz pürieren, um ein grobes Püree herzustellen. Die Mischung für 30 Minuten ruhen lassen.
5. Mit feuchten Händen kleine Kugeln formen und im Paniermehl wälzen. Mit etwas Rapsöl beträufeln und auf ein mit Backpapier ausgelegtes Backblech legen.
6. Backofen auf 200 Grad Ober- und Unterhitze (oder 180 Grad Umluft) vorheizen. Im vorgeheizten Backofen auf mittlerer Schiene für 10 bis 12 Minuten goldbraun backen.
7. Den veganen Quark mit dem Tahini, dem Zitronensaft, dem Koriander und etwas Kräutersalz verrühren und als Dip dazu geben.

TIPPS UND TRICKS:

Wichtig ist, dass die Kichererbsen nur eingeweicht, jedoch nicht vorgekocht werden.

Die Bällchen schmecken sowohl warm als auch kalt und sind daher optimal für die Lunch Box.

Tahini kommt aus der arabischen Küche und ist eine Paste aus feingemahlenen Sesamkörnern, die auch gut als Dip oder Brotaufstrich schmeckt.

Tahini können Sie in vielen Supermärkten oder auch im Bio-Laden kaufen.

MÖHREN-TALER

einfach | 20 Minuten | 45 Minuten | 2 Portionen

ZUTATEN:

100 Gramm Möhren I 80 Gramm Kartoffeln I 1 Zehe Knoblauch I 50 Gramm Kichererbsen Mehl I 2 EL Mandelmehl I etwas Orangenabrieb I ½ TL Thymian I 1 EL Petersilie fein gehackt I Kräutersalz I Kokosöl zum Braten I etwas Maismehl

ZUBEREITUNG:

1. Die Möhren und die Kartoffeln schälen, grob schneiden und im Topf oder im Dampfgarer für 25 Minuten weich dämpfen und danach auskühlen lassen.
2. Alle Zutaten außer dem Kokosöl und dem Maismehl mixen. Der Teig sollte etwas kompakt sein. Falls nötig noch etwas Kichererbsen Mehl dazu geben.
3. Mit leicht feuchten Händen aus der Masse kleine Taler formen und im Maismehl wenden.
4. Das Kokosöl in einer Pfanne erhitzen und die Möhrentaler bei mittlerer Hitze für 2 Minuten je Seite braten lassen.

TIPPS UND TRICKS:

Die Taler sind heiß und kalt ganz wunderbar.

ZUCCHINI FRIKADELLEN

einfach | 15 Minuten | 25 Minuten | 2 Portionen

ZUTATEN:

1 EL Leinsamen geschrotet I 2 EL heißes Wasser I 1 Zucchini I 1 Kartoffel I 2 EL Haferkleie I 1 EL Mehl I Kräutersalz I eine kleine Prise Pfeffer I eine Prise Muskatnuss I etwas Kokosöl zum Braten

ZUBEREITUNG:

1. Die Leinsamen mit dem Wasser in eine kleine Schale geben, verrühren und für 5 Minute quellen lassen.
2. Die Zucchini waschen, trocken tupfen, raspeln und in einem Küchentuch ausdrücken. Die Kartoffel schälen und raspeln.
3. Die Leinsamen mit der Zucchini, der Kartoffel, der Haferkleie, dem Kokosmehl, dem Kräutersalz, dem Pfeffer und der Muskatnuss in eine Schüssel geben, gut vermischen und die Masse für 10 Minuten ruhen lassen.
4. Das Kokosöl in einer Pfanne erhitzen und mit einem Esslöffel kleine Kleckse in die Pfanne geben, etwas flachdrücken und für 3 Minuten je Seite bei mittlerer Hitze braten.

TIPPS UND TRICKS:

Die Frikadellen schmecken warm und auch kalt.

KARTOFFELRÖSTI

süß und pikant

einfach | 15 Minuten | 25 Minuten | 2 Portionen

ZUTATEN:

200 Gramm Kartoffeln I 2 EL Maismehl I Kräutersalz I eine Prise Pfeffer I 1 Prise Muskatnuss I Kokosöl zum Braten I optional 1 EL Saure Sahne oder 1 EL Konfitüre als Dip

ZUBEREITUNG:

1. Die Kartoffeln schälen und raspeln. Die Kartoffeln in ein Küchentuch geben und gut ausdrücken.
2. Die Kartoffeln mit dem Maismehl, dem Kräutersalz, dem Pfeffer und der Muskatnuss in einer Schüssel vermischen.
3. Das Kokosöl in einer Pfanne erhitzen. 4 kleine Kartoffelhaufen mit genügend Abstand in die Pfanne geben und bei geringer Hitze für 4 bis 6 Minuten je Seite knusprig, goldbraun backen.

TIPPS UND TRICKS:

Die Kartoffelrösti schmecken warm und kalt.

Diese können süß mit Apfelmus oder Konfitüre, aber auch pikant mit Dips, saurer Sahne oder Ketchup gegessen werden.

TOFU FINGERS

einfach | 10 Minuten | 10 Minuten | 2 Portionen

ZUTATEN:

200 Gramm schnittfester Tofu I 2 EL Maismehl I 60 ml Hafermilch I 6 EL Paniermehl I 1 EL Hefeflocken I Kokosöl zum Frittieren I 2 EL Ketchup

ZUBEREITUNG:

1. Das Kokosöl auf 170 Grad erhitzen.
2. Den Tofu in 1 cm lange Stifte schneiden. Das Maismehl mit der Hafermilch verrühren. Das Paniermehl mit den Hefeflocken vermischen.
3. Die Tofu Stücke durch den Teig ziehen und im Paniermehl wälzen. Die Panade mit den Händen leicht andrücken und für 3 Minuten goldbraun backen.
4. Mit Ketchup servieren.

TIPPS UND TRICKS:

Das Rezept für selbstgemachtes Ketchup ohne weißen Zucker finden Sie bei den Basis-Rezepten.

Genießen Sie die Tofu Fingers heiß oder kalt, mit oder ohne Dip und auch auf Salat.

MEAL PREP SÜSS

KOKOS MÜSLIRIEGEL

mit Ananas

einfach | 10 Minuten | 40 Minuten | etwa 10 Müsliriegel

ZUTATEN:

50 Gramm Dinkelflocken | 50 Gramm Haferflocken | 50 Gramm Kokosflocken | 30 Gramm Ananas getrocknet | 50 Gramm Erdnüsse grob gehackt | 35 ml Kokosöl | 80 ml Dattelsüße oder Honig

ZUBEREITUNG:

1. Alle Zutaten in einer Schüssel gut verrühren. Das funktioniert mit den Händen oder mit einem Handmixer ganz gut. Die Masse für einige Minuten quellen lassen.
2. Backofen auf 160 Grad Ober- und Unterhitze (oder 140 Grad Umluft) vorheizen. Die Masse gleichmäßig auf ein mit Backpapier ausgelegtes Backblech streichen. Für etwa 20 Minuten backen.
3. Aus dem Ofen nehmen und noch heiß in 10 Müsliriegel schneiden. Danach gut auskühlen lassen.

TIPPS UND TRICKS:

Sie können mit verschiedenen getrockneten Früchten abwechseln.

Die Müsliriegel am besten dunkel und trocken lagern.

ENERGIEBÄLLCHEN

mit Datteln und Feigen

einfach | 15 Minuten | 15 Minuten | etwa 20 Kugeln

ZUTATEN:

100 Gramm Datteln getrocknet I 100 Gramm Feigen getrocknet I 20 Gramm Chia Samen I 50 Gramm Kokosraspeln I 50 Gramm Nüsse gerieben

ZUBEREITUNG:

1. Alle Zutaten zu einem dicken Brei pürieren.
2. Aus der Masse mit leicht feuchten Händen 20 Kugeln formen.
3. Optional noch einmal in Kokosraspeln wälzen.
4. Die Kugeln in eine Box geben und am besten kühl und trocken aufbewahren.

TIPPS UND TRICKS:

Sie können die Kugeln alternativ auch in flüssige Schokolade tunken oder in geriebenen Nüssen oder Kokosraspeln wälzen.

Für noch mehr Abwechslung können Sie alternativ sämtliche Trockenfrüchte anstatt der Feigen verwenden.

TROCKENFRÜCHTE GEMIXT MIT NÜSSEN

einfach | 15 Minuten | 8-12 Stunden | etwa 500 Gramm Mix

ZUTATEN:

1 Ananas I 1 Mango I 2 Äpfel I 2 Kiwi I 100 Gramm Beeren I 250 Gramm gemischte Nüsse

ZUBEREITUNG:

1. Die Früchte schälen und in kleine Würfel oder 2 mm dünne Scheiben schneiden.
2. Zum Trocknen der Früchte gibt es verschiedene Varianten:
   a. In den Dörrapparat geben und für etwa 8 Stunden trocknen lassen.
   b. Oder im Backofen bei 40 Grad Umluft über Nacht dörren lassen.
   c. Oder im Sommer funktioniert es ebenfalls in der Sonne wunderbar, dauert aber dementsprechend länger.
3. Die getrockneten Früchte mit den Nüssen vermengen und in einem verschließbaren Glas kühl und unbedingt trocken aufbewahren.

TIPPS UND TRICKS:

Dörren ist eine gesunde und schönende Methode, um Obst, Gemüse oder Kräuter haltbar zu machen.

Ein eigener Dörrautomat ist nur dann sinnvoll, wenn Sie vorhaben regelmäßig größere Mengen zu dörren.

CHURROS

einfach | 25 Minuten | 30 Minuten | 2 Personen

ZUTATEN:

250 ml Milch (oder Pflanzenmilch) I 50 Gramm Butter I 1 EL Zucker I 1/2 TL Zimt I 140 Gramm Mehl I 1 Ei I Kokosöl zum Frittieren

ZUBEREITUNG:

1. Die Butter in einer Pfanne schmelzen lassen und das Mehl hinzufügen. Unter ständigem Rühren vermengen und die Milch hinzufügen. Sobald sich der Teigball vom Topfboden lockert, vom Herd nehmen. Den Teig etwas auskühlen lassen.
2. Mit dem Mixer Ei, Zucker und Zimt einrühren.
3. Die Masse in eine Spritztülle füllen und etwa 4 cm lange Würste spritzen.
4. Das Kokosöl auf 180 Grad erhitzen und die Churros darin für etwa 3 Minuten goldgelb frittieren.

TIPPS UND TRICKS:

Die Churros können Sie mit flüssiger Schokolade, Zimt-Zucker, Konfitüre oder Apfelmus servieren.

BANANEN-MUFFINS

einfach | 15 Minuten | 40 Minuten | 4 Muffins

ZUTATEN:

1 Banane I 80 Gramm Mehl I 1 EL Kakao I 1 Messerspitze Backpulver I 40 Gramm Zucker I 35 Gramm Butter I 40 ml Pflanzenmilch I 1 Ei

ZUBEREITUNG:

1. Die Banane mit einer Gabel zerdrücken und mit den restlichen Zutaten in eine Schüssel geben. Für 6 Minuten mit einem Handmixer zu einem glatten Teig verrühren.
2. Backofen auf 170 Grad Ober- und Unterhitze (oder 150 Grad Umluft) vorheizen.
3. Den Teig in vier Muffinformen füllen und im Backofen für etwa 18 Minuten backen. Aus dem Ofen nehmen und auskühlen lassen.

PFANNKUCHEN PÄCKCHEN

einfach | 15 Minuten | 20 Minuten | 4 Pfannkuchen

ZUTATEN:

130 ml Milch I 2 Eier I 3 EL Mehl I 1 Messerspitze Backpulver I 1 Packung Vanillezucker I 2 EL Konfitüre zum Befüllen I Butter zum Backen

ZUBEREITUNG:

1. Alle Zutaten außer der Konfitüre mit dem Handmixer oder mit dem Schneebesen zu einem glatten Teig verrühren und für 3 Minuten rasten lassen.
2. Die Butter in einer heißen Pfanne aufschäumen lassen und aus dem Teig 4 Pfannkuchen backen. Jeden Pfannkuchen pro Seite für etwa 2 Minuten backen.
3. Aus der Pfanne nehmen, mit der Konfitüre bestreichen, die Enden einklappen und einrollen.

TIPPS UND TRICKS:

Hier können Sie die Lieblingskonfitüre Ihrer Kinder verwenden oder wechseln Sie bei der Wahl der Konfitüren ab, auch zum Beispiel eine Nuss-Nougat-Creme kann köstlich schmecken.

Pfannkuchen sind einfach und auch kalt für die Jause perfekt geeignet.

REGISTER VON A - Z

ÜBER DIE AUTORIN

Susanne Dorner ist 1977 in Österreich geboren, Autorin, Unternehmerin, stolze Mama zweier Söhne und glücklich verheiratet. Sie hat das Kochen nicht nur im elterlichen Haushalt, sondern auch in einer renommierten Tourismusschule in Österreich erlernt.

Kochen ist für sie mehr als nur Zutaten zu verarbeiten, sondern auch die Basis für Gesundheit und Vitalität. Als Kinder-Mentaltrainerin hat sie bereits viel Erfahrung gemacht mit dem Zusammenhang von Gesundheit & Ernährung. Es ist ihre Mission, Eltern zu zeigen, wie einfach es sein kann, eingeschlichene Gewohnheiten vom Immer-dasselbe-Essen über Bord zu werfen und mit Freude den täglichen Tisch kreativ und abwechslungsreich zu decken.

Susanne interessiert sich für alles rund ums Thema Gesundheit & Ernährung, vor allem in Zusammenhang mit Kindern. Susanne liebt das Reisen in nahe und ferne Länder, Tiere (auch Gummibärchen), in der Natur die Seele baumeln zu lassen, zu lachen und das Leben zu genießen.

Ihr Motto lautet: Die geheime Zutat ist immer Liebe!

IMPRESSUM

Verlag: positiverleben Publishing
Am Haidegrund 13, A-2331 Vösendorf

Korrektorat, Lektorat: Fiverr
Covergestaltung: Sprudelkopf Design - Jasmin Raif
Design Buchsatz: Fiverr
Für den Druck und die Distribution verantwortlich: Amazon

ISBN: 978-3-9505087-0-3

ÜBER FEEDBACK UND/ODER IHRE REZENSION FREUEN WIR UNS SEHR!

Schreiben Sie der Autorin direkt eine Nachricht an susanne@positiverleben.eu
oder besuchen Sie unsere Homepage www.positiverleben.eu

Printed by Amazon Italia Logistica S.r.l.
Torrazza Piemonte (TO), Italy

33035810R00078